교사 학습공동체 지원 놀이사례

영유아 놀이와 교사 학습공동체

서난경 · 김미선 지음

창지사

머리말

누리과정과 표준보육과정이 순차적으로 개정되면서 유아교육 현장은 이전의 교육과정과 달라진 교육적 적용으로 딜레마에 빠지게 되었던 시기가 있었습니다. 시간이 흘러 개정된 교육과정으로 현장은 서서히 적응하고 있고, 영유아들은 그 안에서 즐거움과 배움을 얻고 있습니다.

국가수준의 교육과정은 모든 영유아에게 공평한 수준으로 기본 교육을 받을 수 있도록 하려는 교육권의 방향을 잘 나타내준다고 볼 수 있습니다. 이러한 교육과정의 편성권과 교육과정 운영권은 여전히 교사가 주체임이 분명해 보이지만 이제 교육내용 결정권과 교육방법 결정권은 영유아에게로 넘겨주고 있습니다.

영유아의 주도로 우리의 교실은 다소 소란스럽거나 어지럽지만, 영유아들의 손길이 여기저기 묻어 있는 창의적인 교실 환경과 놀이에 집중하는 유아들로 항상 웃음이 가득합니다.

"선생님~ 오늘 너무 재밌었어요. 내일이 빨리 왔으면 좋겠어요!"
"선생님~ 친구들과 하루 종일 내가 하고 싶은 놀이를 많이 하니까 신나요!"

아이들의 목소리는 오늘도 놀이에 흠뻑 빠지게 합니다. 교사들은 영유아가 즐겁게 놀이할 때 의미 있는 배움이 일어나는 것을 경험하였기에 오늘도 창의적인 놀이를 이어가는 유아를 응원하고 있습니다.

놀이중심 교육과정을 운영하다 보니 주도적 놀이를 잘 만들어가는 유아들은 초등학교에 가서도 주도적 학습을 잘 이어 나갈 수 있다는 확신이 생겼습니다.

본 자료의 구성은 만 1세 영아부터 만 5세 유아의 관심과 흥미에서 시작하여 교사의 고민, 학습공동체를 통한 협의과정을 중심으로 구성되었습니다.

본 자료는 교사 학습공동체를 통하여 영유아중심 놀이를 이해하는 참고 자료가 되리라 기대합니다. 함께 애쓴 현장의 유아교사들에게 감사를 전합니다.

2022년 7월

저자 일동

차 례

제1장

교육과정 이해

I

누리과정

1. 누리과정

'2019 개정 누리과정' 에서는 새로운 시대의 요구에 따라, 교육내용을 간략화하고 유아가 주도하는 놀이를 통해 배움을 구현할 수 있도록 유아·놀이중심 교육과정으로 나아가고자 하였다. 누리과정은 미래사회에 부응하는 새로운 교육과정, 유아의 놀이가 중심이 되는 교육과정, 유아의 놀이를 지원하기 위한 교사의 자율성을 강조하였다.

2. 누리과정의 성격

1) 국가수준의 공통성과 지역, 기관 및 개인 수준의 다양성을 동시에 추구한다.
2) 유아의 전인적 발달과 행복을 추구한다.
3) 유아중심과 놀이중심을 추구한다.
4) 유아의 자율성과 창의성 신장을 추구한다.
5) 유아, 교사, 원장, 학부모 및 지역사회가 함께 실현해가는 것을 추구한다.

개정 누리과정의 이해

Q. 2019 개정 누리과정의 주요 특징은?

- ✓ 유아중심 · 놀이중심 교육과정
- ✓ 국가수준 공통 교육과정으로서 구성체계 확립
- ✓ 내용 구성의 간략화를 통한 현장 자율성 확대
- ✓ 교사의 누리과정 실행력 지원
(20년부터 유치원, 어린이집 공통)

[그림 1-1] 개정 누리과정의 이해

3. 추구하는 인간상과 목적

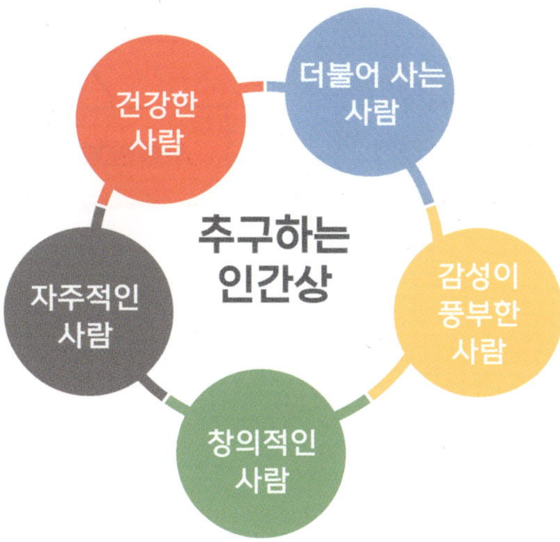

[그림 1-2] 추구하는 인간상

누리과정의 목적은 유아가 놀이를 통해 심신의 건강과 조화로운 발달을 이루고 바른 인성과 민주 시민의 기초를 형성하는 데 있다.

4. 누리과정 구성

누리과정은 3~5세 모든 유아에게 적용할 수 있도록 구성한다. 누리과정은 [그림 1-3]과 같이 5개 영역을 중심으로 구성하고 유아가 경험해야 하는 내용으로 구성하며, 초등학교 교육과 연계하여 구성한다.

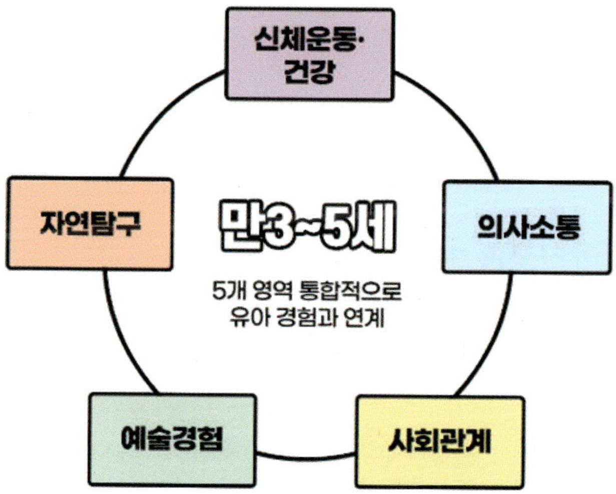

[그림 1-3] 누리과정 영역

5. 누리과정 영역별 내용

〈표 1-1〉 신체운동 · 건강영역

내용범주	내용
신체활동 즐기기	• 신체를 인식하고 움직인다. • 신체 움직임을 조절한다. • 기초적인 이동 운동, 제자리 운동, 도구를 이용한 운동을 한다. • 실내 · 외 신체활동에 자발적으로 참여한다.
건강하게 생활하기	• 자신의 몸과 주변을 깨끗이 한다. • 몸에 좋은 음식에 관심을 가지고 바른 태도로 즐겁게 먹는다. • 하루 일과에서 적당한 휴식을 취한다. • 질병을 예방하는 방법을 알고 실천한다.
안전하게 생활하기	• 일상에서 안전하게 놀이하고 생활한다. • TV, 컴퓨터, 스마트폰 등을 바르게 사용한다. • 교통안전 규칙을 지킨다. • 안전사고, 화재, 재난, 학대, 유괴 등에 대처하는 방법을 경험한다.

출처: 교육과학기술부(2019). 「누리과정 현장지원자료 (해설서)」

〈표 1-2〉 의사소통 영역

내용범주	내용
듣기와 말하기	• 말이나 이야기를 관심 있게 듣는다. • 자신의 경험, 느낌, 생각을 말한다. • 상황에 적절한 단어를 사용하여 말한다. • 상대방이 하는 이야기를 듣고 관련해서 말한다. • 바른 태도로 듣고 말한다. • 고운 말을 사용한다.
읽기와 쓰기에 관심가지기	• 말과 글의 관계에 관심을 가진다. • 주변의 상징, 글자 등의 읽기에 관심을 가진다. • 자신의 생각을 글자와 비슷한 형태로 표현한다.
책과 이야기 즐기기	• 책에 관심을 가지고 상상하기를 즐긴다. • 동화, 동시에서 말의 재미를 느낀다. • 말놀이와 이야기 짓기를 즐긴다.

출처: 교육과학기술부(2019). 「누리과정 현장지원자료 (해설서)」

〈표 1-3〉 사회관계 영역

내용범주	내용
나를 알고 존중하기	• 나를 알고 소중히 여긴다. • 나의 감정을 알고 상황에 맞게 표현한다. • 내가 할 수 있는 것을 스스로 한다.
더불어 생활하기	• 가족의 의미를 알고 화목하게 지낸다. • 친구와 서로 도우며 사이좋게 지낸다. • 친구와의 갈등을 긍정적인 방법으로 해결한다. • 서로 다른 감정, 생각, 행동을 존중한다. • 친구와 어른께 예의 바르게 행동한다. • 약속과 규칙의 필요성을 알고 지킨다.
사회에 관심 가지기	• 내가 살고 있는 곳에 대해 궁금한 것을 알아본다. • 우리나라에 대해 자부심을 가진다. • 다양한 문화에 관심을 가진다.

출처: 교육과학기술부(2019). 「누리과정 현장지원자료 (해설서)」

〈표 1-4〉 예술경험 영역

내용범주	내용
아름다움 찾아보기	• 자연과 생활에서 아름다움을 느끼고 즐긴다. • 예술적 요소에 관심을 갖고 찾아본다.
창의적으로 표현하기	• 노래를 즐겨 부른다. • 신체, 사물, 악기로 간단한 소리와 리듬을 만들어 본다. • 신체나 도구를 활용하여 움직임과 춤으로 자유롭게 표현한다. • 다양한 미술 재료와 도구로 자신의 생각과 느낌을 표현한다. • 극놀이로 경험이나 이야기를 표현한다.
예술 감상하기	• 다양한 예술을 감상하며 상상하기를 즐긴다. • 서로 다른 예술 표현을 존중한다. • 우리나라 전통 예술에 관심을 갖고 친숙해진다.

출처: 교육과학기술부(2019). 「누리과정 현장지원자료 (해설서)」

〈표 1-5〉 자연탐구 영역

내용범주	내용
탐구과정 즐기기	• 주변 세계와 자연에 대해 지속적으로 호기심을 가진다. • 궁금한 것을 탐구하는 과정에 즐겁게 참여한다. • 탐구과정에서 서로 다른 생각에 관심을 가진다.
생활 속에서 탐구하기	• 물체의 특성과 변화를 여러 가지 방법으로 탐색한다. • 물체를 세어 수량을 알아본다. • 물체의 위치와 방향, 모양을 알고 구별한다. • 일상에서 길이, 무게 등의 속성을 비교한다. • 주변에서 반복되는 규칙을 찾는다. • 일상에서 모은 자료를 기준에 따라 분류한다. • 도구와 기계에 대해 관심을 가진다.
자연과 더불어 살기	• 주변의 동 · 식물에 관심을 가진다. • 생명과 자연환경을 소중히 여긴다. • 날씨와 계절의 변화를 생활과 관련짓는다.

출처: 교육과학기술부(2019). 「누리과정 현장지원자료 (해설서)」

6. 교사의 역할

누리과정에서 놀이를 잘 운영하기 위해 교사가 수행해야 하는 역할은 다음의 네 가지로 요약할 수 있다.

첫째, '유아·놀이 중심 교육과정을 이해하고 실천하는 역할'

둘째, '놀이를 통한 유아의 배움을 지원하는 역할'

셋째, '놀이와 배움을 기록하고 평가하는 역할'

넷째, '함께 배우며 성장하는 역할'이다.

1) 유아·놀이 중심 교육과정 이해하고 실천하기

누리과정에서 일과는 놀이, 일상생활, 활동으로 구성되는데 특별히 '놀이'를 중심으로 일과를 편성할 것을 권장한다.

2) 놀이를 통한 유아의 배움을 지원하기

유아 중심 교육과정을 성공적으로 실행하기 위해서 교사는 유아를 교육과정 운영의 주체로서 교사와 함께 교육과정을 구성해가는 공동 구성자로 인정해야 한다. 어떤 유아라도 자유롭게 놀이하고 그 안에서 배움을 구성할 수 있는 역량을 지닌 존재임을 신뢰하고 유아의 놀이를 잘 관찰해야 한다.

유아의 놀이를 지원하기 위해 교사는 놀이에 직접 참여하지 않고도 격려, 미소, 공감의 표정을 보이거나 칭찬과 격려의 말을 건네는 정서적 지원을 제공할 수 있다. 또한, 놀이를 관찰하다가 배움이 일어나도록 질문이나 제안을 건네 보는 등의 상호작용에 기반한 언어적 지원, 공간 구성을 바꾸어주거나 새로운 자료를 제공하는 등의 환경적 지원을 할 수 있다.

3) 놀이와 배움을 기록하고 평가하기

누리과정은 교사가 선계획하여 '계획–실행–평가–계획'으로 이어지던 기존의 '선형적' 과정을 지양한다. 교사는 유아의 놀이, 일상생활, 활동을 관찰하고 기록하여 유아의 배움을 지원하기 위한 계획을 수립한다. 특히, 누리과정은 5가지 추구하는 인간상을 제시하고 있으므로 누리과정 목적과 목표 및 5개 영역별 목표와 내용을 유아의 성장 변화 및 교육과정 운영에 대한 판단의 근거로 삼을 수 있다. 유아의 배움을 기록하고 평가하기 위해서 교사는 결과가 아닌 과정에 주목해야 한다.

4) 함께 배우며 성장하기

놀이를 지원하는 과정에서 교사는 각 유아와 놀이의 특성을 고려하여 놀이를 언제, 어떻게 지원해야 할지에 대한 끊임없는 고민에 직면하게 된다. 이러한 고민과 불안감은 교사가 지속적으로 배움을 추구하게 만드는 원동력이 될 수도 있다. 교사들은 서로의 전문성을 인정하고 고민과 의견을 나누며 함께 배우고 성장하는 학습공동체를 자율적으로 구성하여 정서적이고 실천적인 지원이 이루어질 것을 기대한다.

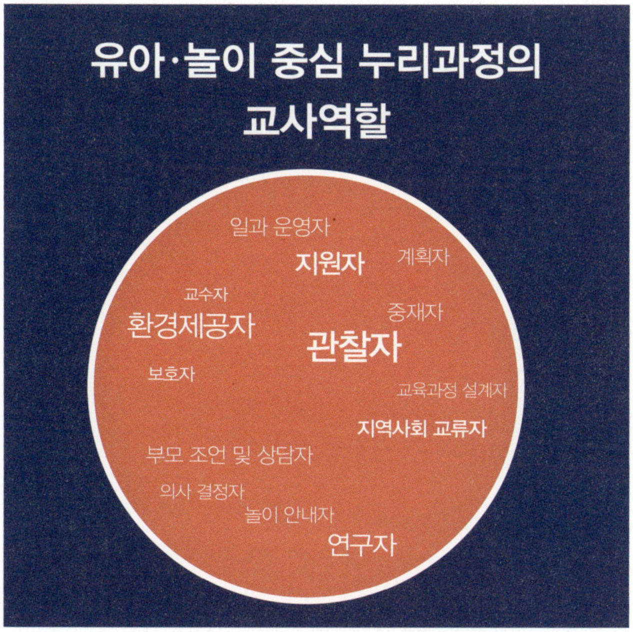

[그림 1-4] 누리과정의 교사역할

출처: 꼬망세 2021년 2월호

7. 누리과정 구성에 있어 고려할 점

1) 3~5세 모든 유아에게 적용할 수 있도록 구성한다.
2) 추구하는 인간상 구현을 위한 지식, 기능, 태도 및 가치를 반영하여 구성한다.
3) 신체운동·건강, 의사소통, 사회관계, 예술경험, 자연탐구의 5개 영역을 중심으로 구성한다.
4) 3~5세 유아가 경험해야 할 내용으로 구성한다.
5) 0~2세 보육과정 및 초등학교 교육과정과의 연계성을 고려하여 구성한다.

II

표준보육과정

1. 표준보육과정

제4차 어린이집 표준보육과정의 성격은 「2015 개정 초·중등학교 교육과정」의 성격의 구성 체계와 연계하고 영유아의 고유한 특징을 반영하여 '영유아 중심 및 놀이중심'을 강조하고 있다.

2. 표준보육과정의 성격 (누리과정과 동일)

1) 국가수준의 공통성과 지역, 기관 및 개인 수준의 다양성을 동시에 추구한다.
2) 영유아의 전인적 발달과 행복을 추구한다.
3) 영유아중심과 놀이중심을 추구한다.
4) 영유아의 자율성과 창의성 신장을 추구한다.
5) 영유아, 교사, 원장, 부모 및 지역사회가 함께 실현해 가는 것을 추구한다.

3. 목적과 목표

영유아가 놀이에 통해 심신의 건강과 조화로운 발달을 이루고 바른 인성과 민주 시민의 기초를 형성하는 데 있다.

〈표 1-6〉 연령별 목표

연령	목 표
0~2세	1) 자신의 소중함을 알고, 건강하고 안전한 환경에서 즐겁게 생활한다. 2) 자신의 일을 스스로 하고자 한다. 3) 호기심을 가지고 탐색하며 상상력을 기른다. 4) 일상에서 아름다움에 관심을 가지고 감성을 기른다. 5) 사람과 자연을 존중하고 소통하는 데 관심을 가진다.
3~5세	1) 자신의 소중함을 알고, 건강하고 안전한 생활습관을 기른다. 2) 자신의 일을 스스로 해결하는 기초능력을 기른다. 3) 호기심과 탐구심을 가지고 상상력과 창의력을 기른다. 4) 일상에서 아름다움을 느끼고 문화적 감수성을 기른다. 5) 사람과 자연을 존중하고 배려하며 소통하는 태도를 기른다.

Q. 궁금해요! 개정 표준보육과정!

- ✓ **영아 중심, 놀이 중심 교육과정을 통해 자율성과 창의성을 높임**
- ✓ **표준보육과정과 누리과정의 연계**
  (0~5세 영유아의 경험, 연령 간 발달 연결 가능, 일관된 보육과정 제공)
- ✓ **2020년 9월 새학기부터 적용**

[그림 1-5] 개정 표준보육과정 정리

4. 추구하는 인간상과 목적

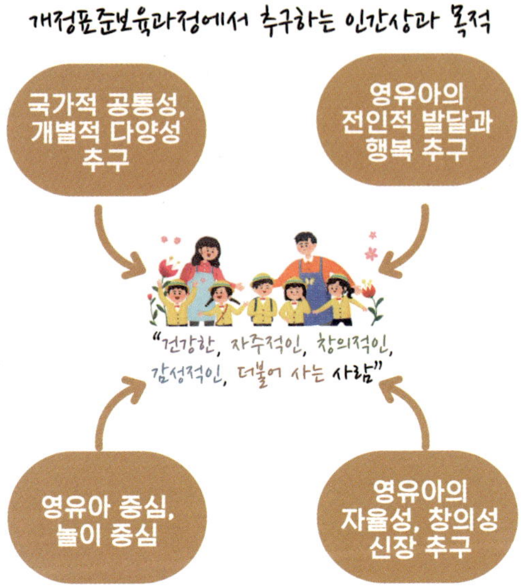

[그림 1-6] 개정 표준보육과정이 추구하는 인간상과 목적

5. 표준보육과정의 운영

1) 어린이집 운영 시간에 맞추어 편성한다.
2) 표준보육과정을 바탕으로 각 기관의 실정에 적합한 계획을 수립하여 운영한다.
3) 하루 일과에서 바깥 놀이를 포함하여 영유아 놀이가 충분히 이루어지도록 편성하여 운영한다.
4) 성, 신체적 특성, 장애, 종교, 가족 및 문화적 배경 등에 따른 차별이 없도록 편성하여 운영한다.
5) 영유아의 발달과 장애 정도에 따라 조정하여 운영한다.
6) 가정과 지역사회와의 협력과 참여에 기반하여 운영한다.
7) 교사 연수를 통해 표준보육과정의 운영을 개선할 수 있도록 한다.

6. 표준보육과정 구성

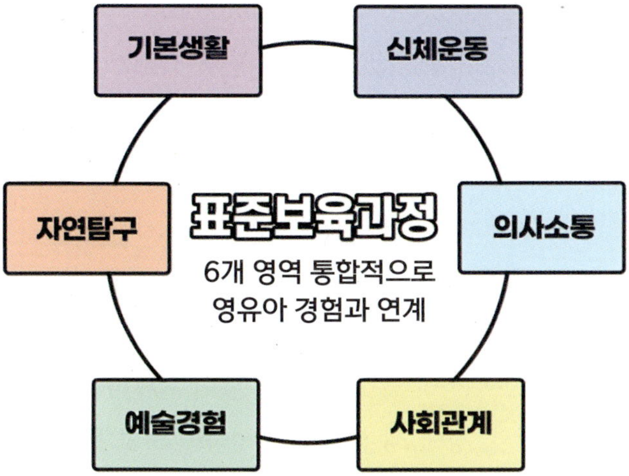

[그림 1-7] 표준보육과정 영역

표준보육과정은 0~1세 보육과정, 2세 보육과정, 3~5세 보육과정으로 구성한다. 표준보육과정은 영역, 내용범주, 내용, 세부내용으로 구분하고, 내용간의 연계가 이루어지도록 구성한다.

7. 교사의 지원

1) 영유아의 의사 표현을 존중하고 민감하게 반응한다.
2) 영유아가 흥미와 관심에 따라 놀이에 자유롭게 참여하고 즐기도록 한다.
3) 영유아가 놀이를 통해 배우도록 한다.
4) 영유아가 다양한 놀이와 활동을 경험할 수 있도록 실내·외 환경을 구성한다.
5) 영유아와 영유아, 영유아와 교사, 영유아와 환경 사이에 능동적인 상호작용이 이루어지도록 한다.
6) 각 영역의 내용이 통합적으로 영유아의 경험과 연계되도록 한다.
7) 개별 영유아의 요구에 따라 휴식과 일상생활이 원활히 이루어지도록 한다.
8) 영유아의 연령, 발달, 장애, 배경 등을 고려하여 개별 특성에 적합한 방식으로 배우도록 한다.

8. 표준보육과정의 평가

1) 표준보육과정 운영의 질을 진단하고 개선하기 위해 평가를 계획하고 실시한다.
2) 영유아의 특성 및 변화 정도와 표준보육과정의 운영을 평가한다.
3) 평가의 목적에 따라 적합한 방법을 사용하여 평가한다.
4) 평가의 결과는 영유아에 대한 이해와 표준보육과정 운영 개선을 위한 자료로 활용할 수 있다.

III

교사 학습공동체

1. 교사 학습공동체의 의미

교사 학습공동체의 개념을 정의하기 위해 '교사', '학습', '공동체'라는 단어 각각의 의미를 나누어서 살펴보면 다음과 같다.

- '교사'는 교육의 질에 가장 큰 영향력을 미치는 존재이다. Cochran-Smith는 교사들이 교육적 전문성을 바탕으로 교육에 대한 전문적 지식과 경험을 동료들과 연계함으로써 실천의 지식을 구성해 나가는 능동적 존재이며, 교사들이 교육의 핵심적인 역할을 담당하고 있음을 강조하였다.
- '학습'은 교사들의 취미생활과 친목 도모를 목적으로 하던 교사 동아리, 동호회, 친목회 등의 교사공동체와는 구별되는 특징이다. 즉, 교사 학습공동체가 교육의 중심에 있는 학생들의 학습 효과를 신장시키고 이들의 바람직한 성장을 돕기 위한 주제와 목적으로 구성되어야 함을 의미한다. 또한 교사들은 전수되어야 하는 지식과 기술을 전달하고 가르치는 사람이라는 역할에서 벗어나, 가

르치기 위해 끊임없이 배우고 새로운 지식을 구성해 나가는 능동적인 학습자로서의 역할을 담당해야 한다.

- '공동체'를 뜻하는 'commune'은 함께, 묶음을 의미하는 'cum'과 선물을 뜻하는 'munis'가 결합된 것으로, 공동체는 선물을 주고 받음에서 얻어지는 상호 배려나 기쁨과 유사하게, 사람들이 긍정적인 상생의 삶을 함께 추구는 관계를 의미한다(이진경, 2001).

교사 학습공동체의 의미

첫째, 공동연구, 공동실천을 통한 교사 전문성 강화
둘째, 연수를 통한 나눔의 장
셋째, 원의 특성에 맞는 자율적 운영

[그림 1-8] 교사 학습공동체의 의미

출처: 서난경 외(2022)

교사 학습공동체에서 공동체란 교육의 주체들이 교육에 대한 가치, 신념을 공유하고, 이를 바람직한 방향으로 실현해 나가기 위해 유대감과 친밀감을 가지고 관계를 맺고 협력해 나간다는 의미를 가진다고 볼 수 있다.

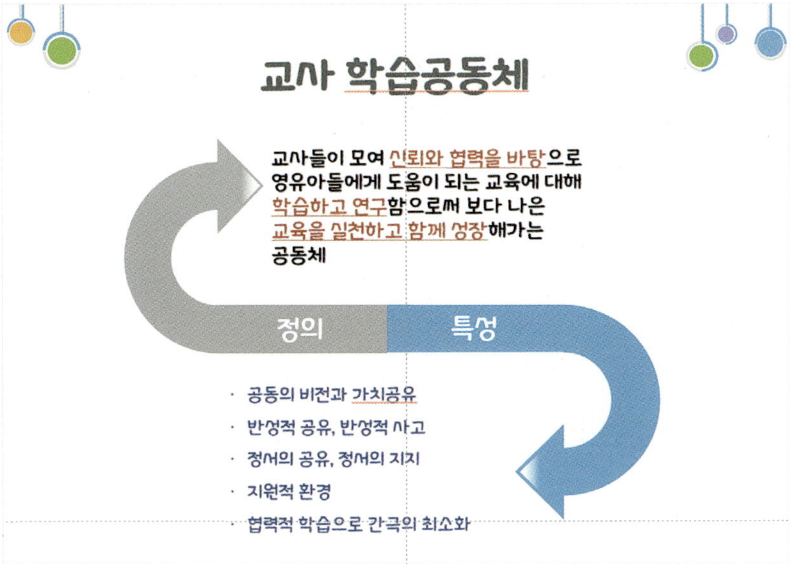

[그림 1-9] A시 **어린이집 교사 학습공동체 정의 및 특성

2. 교사 학습공동체의 운영단계와 특성

첫 번째 단계는 「형성기」로 교사들에게 교사 학습공동체의 목적과 모임에 대해 소개하고, 교사들의 자발적 참여를 통해 공동체를 구성하는 시기이다. 이 시기에는 특히 구성원들이 수평적 관계와 공유된 리더십을 바탕으로 공동체적 가치를 실현할 수 있어야 하고, 이러한 과정이 우선되어야 교사 학습공동체가 활발하게 운영될 수 있다.

두 번째 단계는 「적응기」로 교사들이 공동체에 처음 참여하여 공동체가 어떻게 운영되는지, 구성원이 어떠한지 등을 탐색하는 과정을 거친다. 이때 불만과 갈등이 표출되거나 공동체 운영이 어려운 경우 구성원 간의 대화와 토론을 바탕으로 공동체의 비전과 가치를 재정립하고, 소속감과 정체성을 확립시켜가는 과정이 중요하게 다루어질 수 있다.

세 번째 단계는「활성화기」로 공동체 활동과 구성원들에게 익숙해진 교사들이 공동의 관심사에 대해 협력적으로 탐구하고, 실제 교실 수업에 적용하는 과정을 거치며, 이러한 결과를 동료들과 공유하고, 개선방안을 모색하는 등 협력적이고 실천적인 탐구과정이 활발하게 순환적으로 이루어진다.

네 번째 단계는「유지발전기」로 이미 충분히 활성화된 교사 학습공동체를 계속 유지할 것인지 아니면 마무리할 것인지에 대해 구성원들 간의 합의를 이루고, 이러한 공동체 모임을 다른 교사나 교육기관에 확산시킬 수도 있으며, 새로운 주제의 다른 교사 학습공동체로 재도약하는 등의 과정을 거치게 된다.

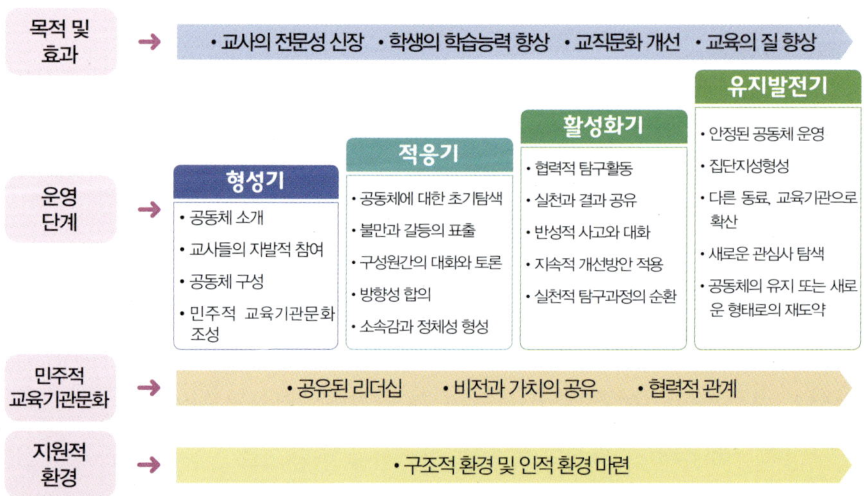

[그림 1-10] 교사 학습공동체 운영단계

출처: 진다정(2020)

학습공동체의 발달과 관련하여 Wenger와 그의 동료들은 학습공동체는 하나의 조직으로서 잠재기, 결합기, 성숙기, 유지기, 변형기의 다섯 단계를 거쳐 발달해 나간다고 하였다(Wenger et al, 2004). 이상의 다섯 단계는 공동체의 긴장과 관련된 특성을 나타낸다.

- **잠재기**: 잠재기의 긴장은 공동체의 가치와 잠재력에 대한 발견과 상상의 단계로 나타나며, 공동체의 준비 과정이라 할 수 있다.
- **결합기**: 결합기의 긴장은 구성원들 간의 신뢰를 바탕으로 공동체적 인간관계를 개발하고 공동체로서의 가치를 서서히 드러내는 것으로 표현되며, 공동체적 에너지를 활성화시키는 단계이다.
- **성숙기**: 성숙기가 되면 공동체가 나가야 할 사항에 대한 초점, 역할, 경계를 좀 더 명확하게 하는 일과 공동체의 지속성을 보장하기 위하여 새로운 공동체 일원을 공동체의 핵심 구성원으로 성장시키는 일에 긴장하게 되고, 관심을 가진다.
- **유지기**: 그 동안 공동체가 쌓아온 성과와 경험을 바탕으로 공동체만의 지식창조 및 공유의 틀이나 방법 및 구성원들의 주인의식을 개발하고 외부에 대한 개방성을 유지함으로써 공동체가 최신성을 가지도록 노력하기 위해 긴장하는 단계이다.
- **변형단계**: 외부의 변화나 내부의 요인에 의한 새로운 요구에 부응하기 위하여 급격한 변형이나 사멸과 관련된 긴장을 겪게 되는 단계이다.

한편, 공동체가 발산하는 에너지의 가시성은 시간의 경과에 따라 지속적으로 증가하는 것이 아니다. 즉, 공동체가 발산하는 에너지의 정도는 앞서 살펴본 발달단계의 특성과 과제에 따라 역동적으로 나타난다. 구체적으로 잠재기에서 결합기까지의 공동체 에너지의 가시성은 지속적으로 증가하지만, 결합기 이후 성숙기에는 에너지의 가시성이 낮아지고, 성숙기에서 유지기로 전환하는 과정에서는 에너지의 가시성이 다시 증가하며, 유지기의 공동체 에너지 가시성은 전반적으로 높은 수준을 유지하나 변화의 정도가 심하며, 변형기에는 에너지의 가시성이 점차로 낮아지게 된다.

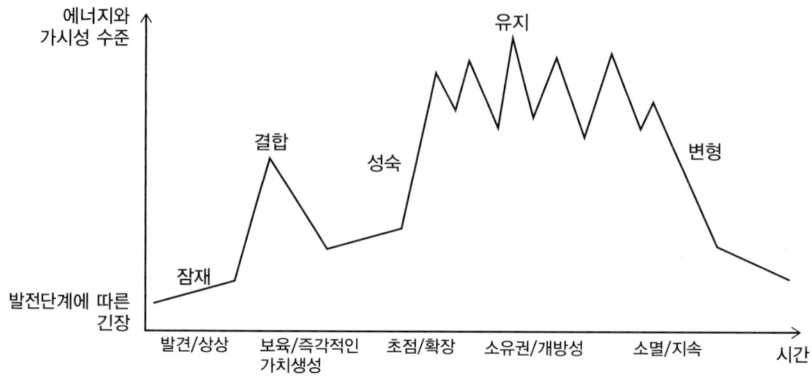

[그림 1-11] 학습공동체의 발달단계

출처: Wenger, McDermont, & Suyder, 2004, p.112
(그림에서의 선: 시간 경과에 따라 공동체가 발산하는 에너지의 가시성)

[그림 1-12]는 교사 학습공동체의 운영계획의 예시이다. 운영계획에 교사 학습공동체의 목표가 잘 나타나 있다.

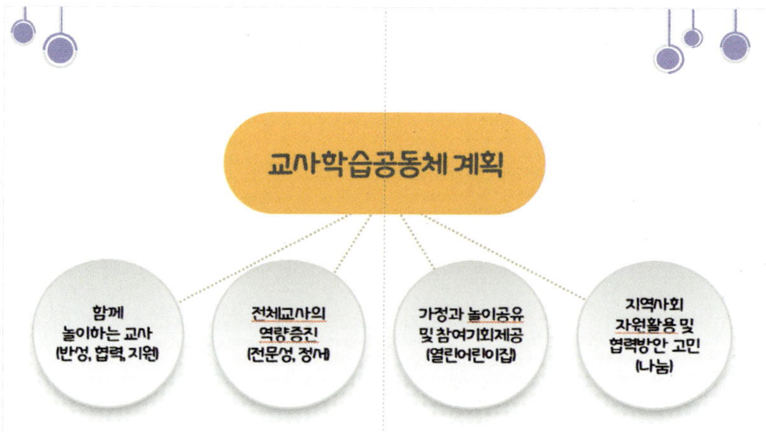

[그림 1-12] 교사 학습공동체 계획 예시

3. 학습공동체의 관점

교사들은 학습공동체를 통해 전문성을 향상시키기 위하여 학습하고 실천하며 성찰하는 과정을 되풀이 하면서 성장한다.

〈표 1-7〉 학습공동체의 관점

집단 전문성	학습하는 모임	공동체 성격
교사들이 자유로운 상호교류와 상호 협력을 통해 공동으로 만들어가는 전문성	반성적 실천으로 놀이를 지향하는 공동체	협력적 창의성과 고유한 가치와 비전, 나눔을 통한 공동체

공동연구	공동실천	나눔
공동체가 인식하는 문제를 함께 연구	공동연구 내용을 적용하여 놀이 실천	놀이를 실행한 소감을 공유하고 피드백

출처: 서난경 외(2022)

학습공동체의 관점은 집단전문성, 학습하는 모임, 공동체 성격, 공동연구, 공동실천, 나눔 등 6가지 관점으로 구성된다.

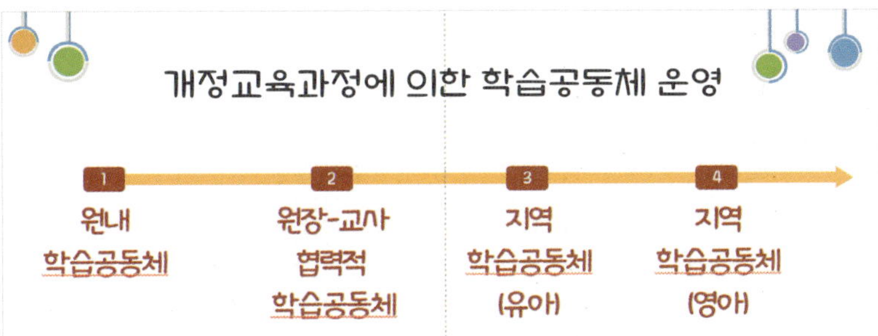

[그림 1-13] 교사 학습공동체 운영 예시

[그림 1-13]은 개정교육과정 실행 이후 교사 학습공동체의 운영 예시이다. 원내 학습공동체가 점차 지역 학습공동체로 확장되어감을 알 수 있다.

4. 교사 학습공동체의 필요성

2019년 7월에 만 3~5세 유아들을 대상으로 하는 국가수준의 공통교육과정인 누리과정이 개정되면서, 교사 학습공동체에 대한 관심이 더욱 높아지고 있다. 2019 개정 누리과정에서는 유아교육기관의 자율성을 바탕으로 '유아·놀이중심 교육'을 보다 적극적으로 실천할 것을 강조하고 있다.

이 과정에서 교사들이 유아의 놀이를 읽어내고 적절한 배움을 지원하기 위한 교사의 전문성이 강조되고 있으며, 이를 위해 교사 학습공동체 등과 같은 협력적 조직문화를 형성하는 것이 권장되고 있다(교육부, 보건복지부, 2019b, 2019d). 현장에서 교육을 담당하는 교사들이 2019 개정 누리과정을 이해하고 실천하는 과정에서 교사 학습공동체가 필요한 이유는 다음과 같다.

첫째, 교사 학습공동체는 2019 개정 누리과정에 대한 교사들의 이해를 돕고, 직접 교육과정을 실천할 때 따르는 문제와 어려움에 효율적으로 대처할 수 있도록 실제적인 도움을 제공한다(교육부, 보건복지부, 2019b).

둘째, 교사 학습공동체는 교사들이 유아들의 흥미와 놀이상황, 유치원과 지역사회의 문화적 환경 등을 고려하여 교육과정을 재구성하고, 유아들에게 적합한 교육을 운영하는 과정에서 교육 실행력을 높일 수 있다(곽향림, 2019; 교육부, 보건복지부, 2019b).

셋째, 교사 학습공동체는 교사들이 공동체성을 바탕으로 구성원들 간에 신뢰와 협력을 도모하고, 교사들의 공동체적 집단지성을 형성해 나가도록 돕는다(곽영순, 2015). 교육부, 보건복지부(2019d)에서는 교사들이 협력과 소통을 통해 함께 성장해 나갈 수 있도록 교사 학습공동체에 자발적으로 참여할 것이 권장하고 있다.

5. 교사의 역할

놀이중심 교육을 운영하는 교사들은 교육과정 운영에 대한 책무성과 교육과정 문해력을 바탕으로 교육과정을 재구성하는 교육과정 개발자이자 교육과정 운영자로서 다음과 같은 역할을 담당해야 한다(교육부, 보건복지부, 2019b; 오채선, 정아림, 2019).

첫째, 놀이중심 교육을 운영하는 유아교사는 국가수준의 교육과정과 유아의 놀이에 대해 충분히 이해해야 한다. 2019 개정 누리과정 놀이실행자료(교육부, 보건복지부, 2019b)에서는 교사들이 현장에 적합한 놀이중심 교육을 효과적으로 운영할 수 있도록 교육과정 운영의 자율성을 확대하였고, 이와 더불어 주어진 권한을 능동적으로 수행하기 위해서 책무성을 강조하고 있다. 놀이중심 교육을 운영하는 교사의 책무성이란 유아의 놀이 속에 녹아있는 배움과 누리과정 5개 영역의 목적과 내용을 유기적으로 연결하고 유아의 놀이를 지원하는 역할을 충실히 수행하는 것을 의미한다(교육부, 보건복지부, 2019b).

둘째, 놀이중심 교육을 운영하는 유아교사는 유아의 놀이를 관찰하고 관찰 결과를 바탕으로 유아의 흥미와 관심사를 반영한 교육계획을 수립해야한다. 놀이중심 교육은 기존에 '계획–실행–평가–평가결과의 반영'의 단계로 이루어진 선형적 과정을 지양하며, 교사가 유아의 놀이와 일상을 관찰하다가 배움을 위한 지원이 필요한 시점에서 유아의 발달과 흥미, 진행되는 놀이 상황을 총체적으로 고려하여 적절한 교육계획을 수립할 수 있어야 한다(교육부, 보건복지부, 2019b).

셋째, 놀이중심 교육을 운영하는 유아 교사는 유아의 흥미와 관심, 사전경험과 발달수준 등을 고려하여 유아가 놀이에 몰입할 수 있도록 융통성 있는 교육과정을 운영해야 한다(경기도교육청, 2017; Van Hoorn et al., 2015/2018). 놀이중심 교육을 운영할 때에는 교사가 사전에 계획한 교육계획이 마련되어 있더라도 실제 유아의 놀이 관찰을 통해 파악된 유아의 관심과 흥미가 보다 적극적으로 발현 될 수 있도록 교육계획이 융통성 있게 수정될 수 있으며, 이러한 과정을 통해 교육의 목표, 내용, 방법이 유아에게 보다 의미있는 방향으로 나아갈 수 있다(교육부, 보건복지부, 2019d).

넷째, 놀이중심 교육을 운영하면서 유아 교사는 놀이를 경험하는 유아와 놀이중심 교육에 대한 평가를 진행해야 한다. 2019 개정 누리과정 해설서(교육부, 보건복지부, 2019d)에서는 유아 평가가 궁극적으로 유아의 행복과 전인발달을 지원함을 목적으로, 교사가 유아의 놀이와 일상생활 속에서 고유한 특성과 의미있는 변화를 발견하고, 그것을 바탕으로 배움과 성장을 돕기 위해 평가를 할 수 있다고 명시되어 있다.

[그림 1-14] 누리과정에서 교사의 역할

제2장

놀이중심 교육과정 실제사례

I. 영아 놀이중심

만 1세반

강들반 놀이 흐름

한 눈으로 보는 1학기 놀이과정

3월 새로운 곳에 왔어요

적응을 위한 놀이
즐거운 어린이집

4월 새로운 곳에 왔어요2

어린이집 텃밭을 탐색해요
친구의 생일을 축하해요

5월 느끼고 탐색해요

나뭇잎으로 놀이해요
궁금한 것을 살펴봐요

6월 느끼고 탐색해요2

꽃이 피었어요
여러가지 소리를 들어요

7월 우리 몸을 깨끗이 해요

욕조에서 목욕놀이해요
보글보글 거품놀이

8월 놀이하며 즐겨요

물놀이를 경험해요
바다에 있는 물고기

1. 놀이1 느끼고 탐색해요.

놀이환경 구성

딸랑딸랑 방울 팔찌

영아들은 음률 영역에 있는 방울 팔찌를 손, 발에 감고 흔들며 소리를 표현하고 듣기를 즐겨한다. 교사가 "딸랑딸랑 방울 소리다." 언어로 표현하니 다른 음률 악기도 가져와 소리를 표현하기를 시도한다. 다른 영아는 언어 영역에 있는 소리 책을 가져와 버튼을 누르며 소리를 내기도 하고 교실에 있는 놀잇감을 두드리기도 하며 놀이를 시작한다.

강들반 교실 상황

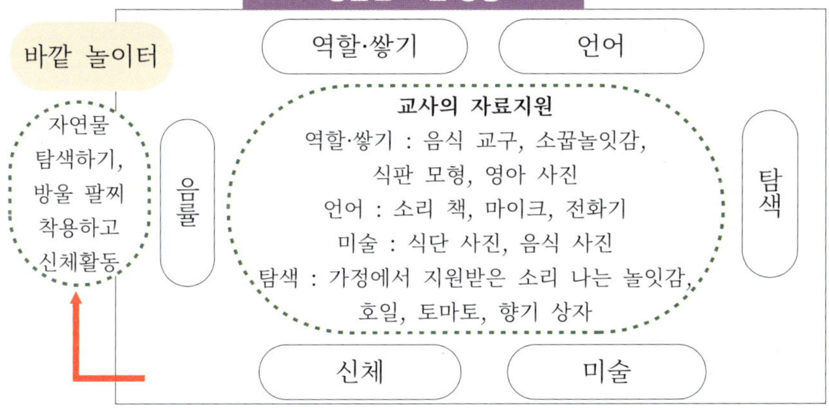

강들반의 모습

음률 영역에 있는 방울 팔찌를 손, 발에 감고 흔들며 소리를 표현하고 음률 영역에서 다양한 악기를 연주해 보며 놀이가 시작되어, 소리에 관련된 놀이가 이루어진다. 냄새, 맛에도 관심을 보여 놀이터에서 볼 수 있는 식물의 냄새를 맡아보거나 역할영역에서 음식을 먹여주며 실내 · 외 공간에서 통합적으로 놀이가 이루어진다.

영아들의 흥미와 연계된 관심의 시작

"소리 나는 놀잇감"
놀이의 관심 시작

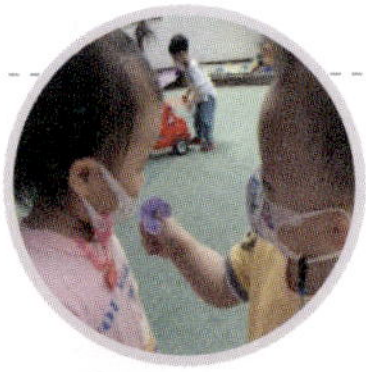

"바깥 놀이터에서 소리를 표현해요"
바깥 놀이터에서 신체 활동하며 소리 표현하기

"자연물 냄새를 맡아요"
바깥 놀이터에서 볼 수 있는 자연물 냄새 탐색하기

"포일로 오감 놀이를 해요"
포일을 오감으로 탐색하기

"냠냠 맛있게 먹어요"
여러 가지 음식 역할놀이하기

"소리 나는 놀잇감"

〈가정과 연계한 놀이 / 교실 곳곳에서 이루어진 놀이〉

영아: (방울 팔찌를 가져와 교사에게 건넨다.)
교사: "딸랑딸랑 방울 팔찌네요? 어떤 소리가 날까요?"
영아: (방울 팔찌를 흔들며) "이거!"
교사: "친구가 집에서 가져온 놀잇감이에요. 친구야 고마워."
영아: (소리 나는 놀잇감의 소리를 들어본다.)
교사: "피아노 소리네요. 이건 무슨 소리 일까요?"

영아의 관심과 교사의 지원

- **관심**: 여러 가지 악기, 가정에서 지원받은 소리 나는 놀잇감
- **지원**: 가정과 연계해 놀잇감 지원, 여러 가지 소리 언어로 표현하기 지원

학습공동체 협의

- **생각**: 교실에 있는 악기를 소리 내보며 소리에 관심을 가지는 모습을 볼 수 있었다. 또, 가정과 연계해 소리 나는 놀잇감을 지원받아 친구들과 함께 놀이하며 놀잇감을 공유하기 어려워하는 영아들에게는 사회관계 증진에도 도움이 될 수 있는 시간이었다.
- **고민**: 소리 관련 놀이가 이루어지다 보니 다른 영역과 바깥 놀이와는 활동 연계가 어려운 것 같아서 고민이 된다.
- **협의**: 악기를 바깥 놀이터에서 지원해 주는 것은 어떨까? 영아들이 특히 방울 팔찌를 즐겨 놀이하니 팔, 다리에 팔찌를 감고 신체활동을 해보는 것도 흥미롭게 놀이에 참여할 것 같다.

놀이를 통한 배움

- **영아**: 나의 놀잇감을 또래와 **'공유하기'**
- **교사**: 모든 영역을 통합적으로 연계하기 위해 고민하는 **'적극성'**

• 가정에서 연계해 지원 받은 소리 나는 놀잇감 탐색하기

"바깥 놀이터에서 소리를 표현해요"

〈바깥 놀이와 연계되어 이루어진 놀이〉

교사: "비눗방울이네요! 높이 날아가요!"
영아: (방울 팔찌를 감고 비눗방울을 잡으며) "얍! 잡아!"
교사: "딸랑딸랑 소리가 커졌어요."
영아: (발목에 방울 팔찌를 감고 유니바를 넘는다.)
교사: "이건 무슨 악기일까요? 어떤 소리가 날까요?"

영아의 관심과 교사의 지원

- **관심**: 여러 가지 악기, 악기 소리 표현하기, 비눗방울 잡기
- **지원**: 방울 팔찌 감고 비눗방울 잡아보기, 유니바 건너보기, 바깥 놀이터에서 여러 가지 악기 연주해보기 지원

학습공동체 협의

- **생각**: 바깥 놀이터에서 방울 팔찌를 감고 신체활동을 해보며 교실에서 이루어진 놀이가 바깥 놀이에도 연계될 수 있었다. 영아들이 신체를 움직이며 소리를 표현하니 더욱 흥미를 가지고 지속적으로 놀이에 참여하는 모습을 보였다.
- **고민**: 영아들의 흥미와 관련되어 다양한 오감 활동을 제시해주고 싶은데 어떤 활동이 좋을까?
- **협의**: 포일을 탐색해보고 소리도 들어보며 오감 놀이를 해보고, 포일을 뭉쳐서 다양한 구성물을 만들어 보면 좋을 것 같았다.

놀이를 통한 배움

- **영아**: 놀이를 스스로 만들어가는 **'자율성'**
- **교사**: 공간의 제약을 벗어나 놀이하는 **'자유로움'**

• 방울 팔찌 착용하고 비눗방울 잡아보기

• 방울 팔찌 착용하고 유니바 건너기

• 바깥 놀이터에서 새로운 악기 연주하기

"포일로 오감 놀이 해요"

〈영아가 탐색하는 놀이 / 영아가 원하는 공간에서 놀이〉

영아: (포일을 만지며) "이게 뭐야?"
교사: "포일이에요. 포일을 만지며 어떤 소리가 날까요?"
영아: (포일에 비친 자신의 얼굴을 본다.)
교사: "얼굴이 보이네요? 미끌미끌한 느낌이에요."
영아: (포일을 찢어보거나 뭉쳐본다.)
교사: "공 모양 같이 생겼네요. 어떤 모양을 만들어 볼까요?"

영아의 관심과 교사의 지원

- **관심**: 포일 탐색하기, 포일 찢고 뭉치기, 포일에 끼적이기
- **지원**: 포일, 매직, 포일 느낌, 소리 언어로 표현하기, 포일 길 걸어보기, 포일로 구성물 만들어 지원

교사 생각

- 포일을 탐색해보고 포일의 소리를 들어보며 신나는 오감과 연계되어 활동이 이루어질 수 있었다. 또, 포일을 뭉치면 모양이 고정되어 영아들이 다른 재료보다 쉽게 구성물을 만들어 볼 수 있어 놀이에 집중하며 참여하는 모습을 보였다.
- 영아들이 포일에 다치지 않도록 지속적으로 상호작용이 필요했다. 포일 활동에 관심을 가지지 않는 영아들에게 상호작용이 부족했던 것 같아 아쉽다. 파트너 교사와 함께 이야기를 나눠보고 역할을 정해 활동에 참여하지 않는 영아들에게도 상호작용이 이루어질 수 있도록 해야겠다.

놀이를 통한 배움

- **영아**: 사물을 여러 방법으로 탐색해보는 **'탐구력'**
- **교사**: 모든 영아들에게 상호작용을 하려고 노력하는 **'세심함'**

• 포일을 사용해 오감으로 놀이를 경험하기

"자연물 냄새를 맡아요"

〈영아가 발견한 놀이 / 바깥 놀이터에서 이루어진 놀이〉

영아: (나뭇잎을 주워 교사에게 보여주며) "이거 봐요!"
교사: "나뭇잎이네요? 나뭇잎!"
영아: (나뭇잎을 코에 가져다 댄다.)
교사: "냄새 맡는구나. 어떤 냄새가 나요?"
영아: (나뭇잎을 교사의 코에 댄다.)
교사: "여기 꽃도 예쁘게 피었어요. 꽃은 무슨 냄새가 날까요?"

영아의 관심과 교사의 지원

- **관심**: 바깥소리 들어보기, 바깥 놀이터에서 자연물 탐색하기, 자연물 냄새 맡아보기, 친구에게 자연물 건네주기
- **지원**: 자연물 탐색하기, 자연물 냄새에 대해 언어로 표현해 지원

학습공동체 협의

- **생각**: 바깥 놀이터에서 바깥 소리를 들어보며 놀이를 하다가 한 영아가 나뭇잎을 가져와 냄새를 맡아보며 놀이 흥미가 바뀌었다. 소리에서 냄새로 오감을 사용해 탐색해보며 놀이할 수 있는 시간이었다.
- **고민**: 코로나로 인해 마스크를 벗고 냄새를 맡는 활동에 제약이 있어 고민이 된다. 또, 오감과 관련된 놀이를 연계하면 좋을 것 같다.
- **협의**: 충분한 환기와 소독에 신경을 써야겠다. 되도록 마스크를 벗지 않고 활동할 수 있는 것들을 생각해봐야겠다. 냄새와 맛을 연계하면 어떨까? 냄새를 맡아보고, 맛을 상상해보고 더 나아가 올바른 식습관 형성에도 도움이 될 수 있도록 놀이를 지원해야겠다.

놀이를 통한 배움

- **영아**: 스스로 놀이를 발견하고 확장해가는 **'자신감'**
- **교사**: 영아의 흥미와 놀이를 인정하고 끊임없이 지원하는 **'조력자'**

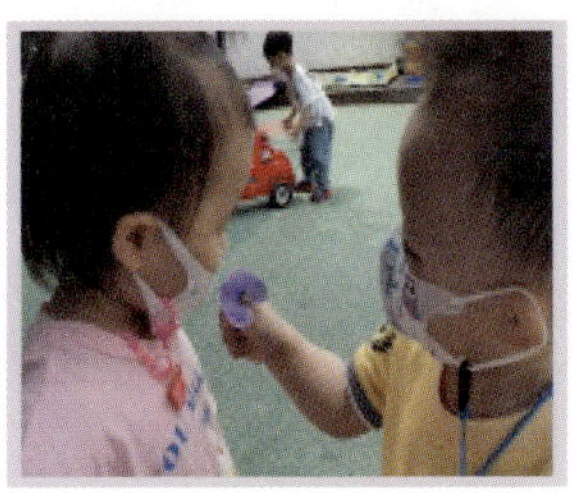

• 바깥 놀이터에서 볼 수 있는 자연물 탐색하기

"냠냠 맛있게 먹어요"

〈기본생활습관과 연계한 놀이 / 교실 곳곳에서 이루어진 놀이〉

교사: "토마토네요. 토마토 좋아해요? 울퉁불퉁 멋진 몸매에~"
영아: "토마토"
교사: "이건 콩나물이네요. 어떤 음식을 좋아해요?"
영아: (음식 사진을 골라 교사에게 건넨다.)
교사: "이 음식을 좋아하는구나! 어떤 맛일까요?"
영아: (음식을 먹는 흉내를 내며) "아~ 냠냠"

영아의 관심과 교사의 지원

- **관심**: 음식 사진에 끼적이기, 음식상 차리기, 음식 먹는 흉내 내기
- **지원**: 음식 사진, 식단 사진, 색연필, 음식 먹기 교구, 영아 얼굴 사진 토마토, 빵 칼, 오감 매트

교사 생각

- 냄새와 연계해 자연스럽게 맛과 관련된 놀이가 이루어질 수 있었다. 영아들이 평소 먹기 힘들어하는 과일, 음식 사진을 제시해 다양한 음식에 관심을 가질 수 있는 시간이 되었고, 음식 먹기 교구에 영아의 얼굴을 지원해주어 영아가 스스로 자신의 얼굴에 음식을 먹여주며 음식에 대한 거부감을 해소할 수 있었다.
- 맛과 관련된 활동이 이루어졌지만, 코로나로 인해 영아들이 직접 맛을 보지 못해 아쉽다. 가정과 연계해 영아들이 가정에서 다양한 맛을 탐색하고 어린이집과 연계해 올바른 식습관을 형성할 수 있도록 해야겠다.

놀이를 통한 배움

- **영아**: 올바른 식습관을 형성하는 '**기본생활습관**'
- **교사**: 다양한 놀이를 경험할 수 있도록 돕는 '**협력자**'

• 식단 사진 보며 끼적이기

• 식판 위에 내가 먹고 싶은 음식 만들기

• 토마토 오감놀이

2. 놀이2 우리 몸을 깨끗이 해요.

놀이환경 구성

문질문질 샤워볼로 목욕하자!

감각 기관에 관련된 놀이가 진행되며 영아들이 촉감 자극에 관심을 보여 다양한 촉감을 느껴 볼 수 있도록 교구를 탐색해보고 그 중 샤워볼에 흥미를 보이며 아기 인형을 닦아주면서 청결과 관련된 놀이를 시작한다.

교실 상황

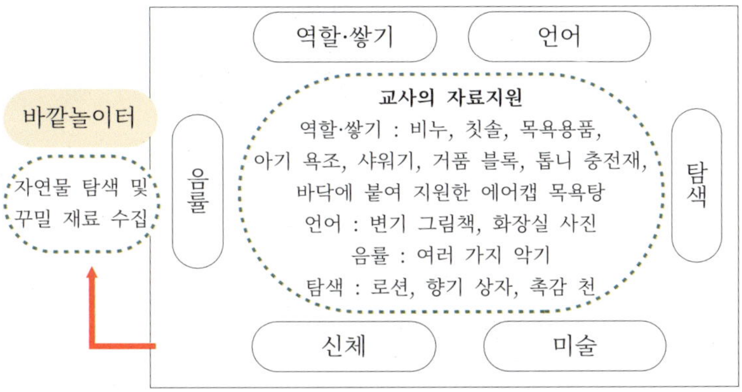

강들반의 모습

역할영역에서 샤워볼로 인형을 씻겨주면서 관심이 시작되어 음률영역, 신체영역과 연계하여 목욕놀이가 이루어졌고, 바깥 놀이 시 나뭇잎과 나뭇가지를 탐색하고 주워 깨끗이 씻은 후 미술영역에서 꾸미기 재료로 활용하여 욕실용품을 만들어보았다. 언어영역에서 청결과 관련된 동화책을 감상하고 탐색영역, 미술영역과 연계하여 화장실 사진에 끼적이며 비누, 변기 등을 탐색해 보았다.

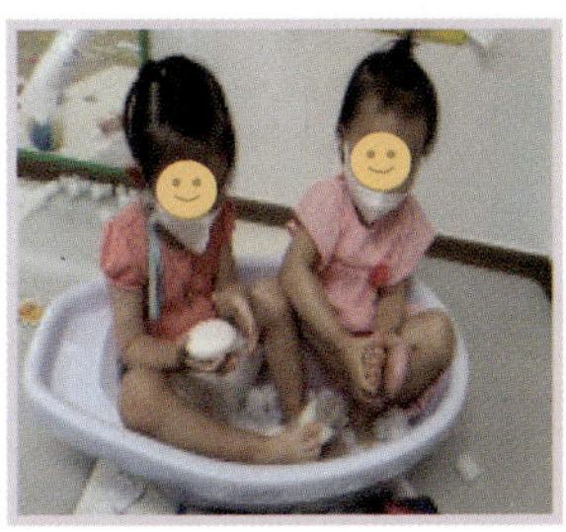

영아들의 흥미와 연계된 관심의 시작

"샤워볼로
놀이해요"
놀이의 관심 시작

"로션을 아기
인형에게
발라주어요"
**로션으로
오감활동하기**

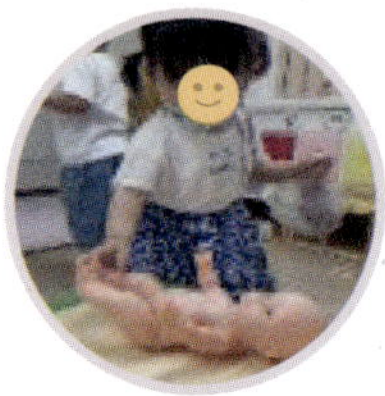

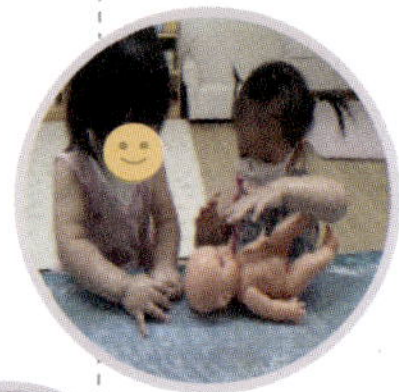

"욕조에서
목욕놀이 해요"
**욕조와
목욕용품으로
역할놀이하기**

"치카치카 칫솔로
이 닦기 놀이해요"
**칫솔질하여 세균
닦아내기**

"변기에
앉았어요"
**변기를
이용해보며
관심 가지기**

"나쁜 병균을
막아주는 마스크"
**마스크, 매직으로
미술놀이하기**

"샤워볼로 놀이해요"

〈영아의 흥미를 반영한 놀이 / 일상 생활에서 이루어진 놀이〉

교사: "깨끗하게 몸을 닦아볼까요?"
영아: (아기 인형에게 샤워볼을 문지르며) "쓱쓱"
교사: "아기 인형도 씻겨주고 싶었구나. 같이 목욕할까요?"
영아: (샤워볼에 샴푸통을 가져다 대고서) "꾹~"
교사: "보글보글 거품이다! 몸에 문질문질 닦아요."

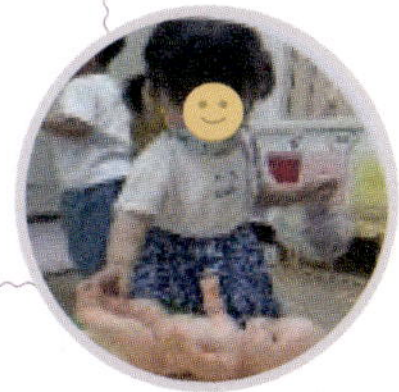

영아의 관심과 교사의 지원

- **관심**: 샤워볼, 샴푸통 등 목욕용품
- **지원**: 아기 인형, 목욕 동화책, 욕조, 샤워볼 모빌

교사의 생각

- 영아의 일상생활에서 쉽게 접할 수 있는 욕실용품인 샤워볼을 활용하여 목욕 놀이가 이루어지면서 샤워볼의 푹신한 촉감과 다양한 형태를 살펴보고 자신의 몸을 탐색하고 신체의 명칭을 알아볼 수 있었다.

놀이를 통한 배움

- **영아**: 스스로 원하는 놀이를 시작하는 **'자율성'**
  다양한 놀잇감으로 여러 가지 놀이 모습을 보이는 **'창의성'**
  자신의 몸을 살펴보며 감각적 자극에 반응하는 **'탐구하는 자세'**
- **교사**: 영아의 흥미를 파악하여 놀이를 계획하는 **'관찰자'**
  놀이에서 보이는 영아의 다양한 표현에 긍정적으로 반응하는 **'민감성'**

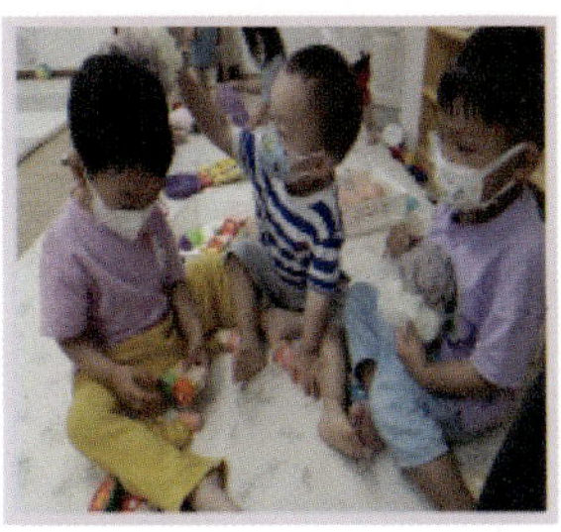
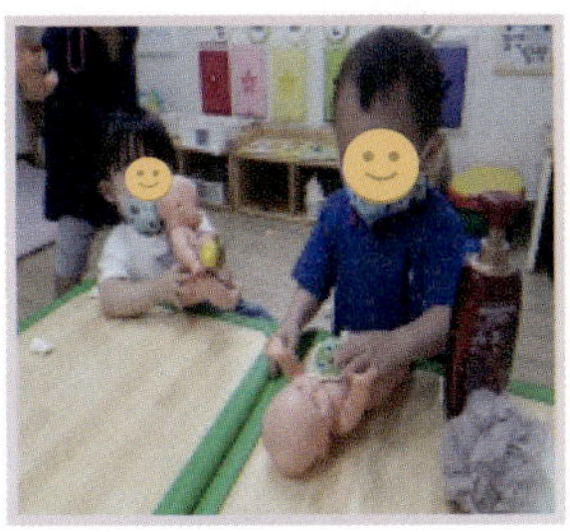
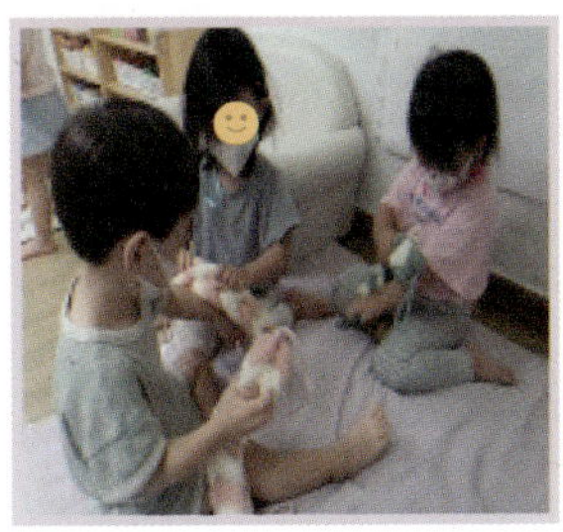

• 샤워볼 탐색하고 나, 친구 몸에 문지르며 느끼기

"로션을 아기 인형에게 발라주어요"

〈감각 자극을 통한 탐색놀이 / 넓은 공간을 활용한 놀이〉

영아: "킁킁"

교사: "로션에서 좋은 향기가 나네요. 팔에도 발라볼까요?"

영아: (손가락으로 로션이 묻은 책상 위에 선을 그으며 놀이)

교사: "빙글빙글~ 동그라미도 그려보세요. 삐죽삐죽 산을 그려요."

영아: (아기 인형에 로션을 묻히며) "로션 발라줄게."

교사: "정말 친절하구나. 아기가 보들보들 매끄러워졌어요."

영아의 관심과 교사의 지원

- **관심**: 로션 탐색하기, 로션으로 끼적이기
- **지원**: 비닐을 덮은 책상, 아기 인형

학습공동체 협의

- **생각**: 아기 인형을 제시하여 신체 여러 부위를 로션으로 문질러보면서 로션의 촉감과 신체를 탐색하고, 친구와 함께 인형에게 로션을 발라주면서 긍정적인 또래 관계를 형성해 볼 수 있었다.
- **고민**: 로션의 색이 하얘서 밝은 색상의 책상이나 바닥에서는 잘 보이지 않아 탐색이 어려울 수 있을 것 같았다.
- **협의**: 책상에 색이 있는 비닐을 깔고 그 위에 로션을 도포하여 원활한 탐색 활동과 위생적으로 놀이가 이루어질 수 있도록 해야겠다.

놀이를 통한 배움

- **영아**: 감각 자극에 집중하며 놀이를 지속하는 **'집중력'**
  친구와 함께 놀이하며 **'긍정적인 또래관계'** 형성
- **교사**: 동료교사와 함께 문제를 해결하는 **'공동체 의식'**

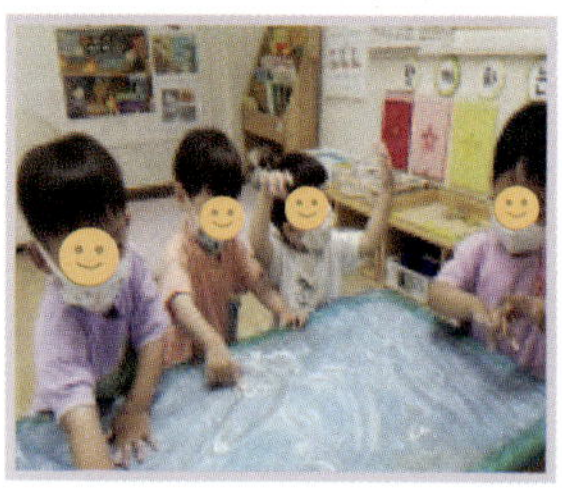

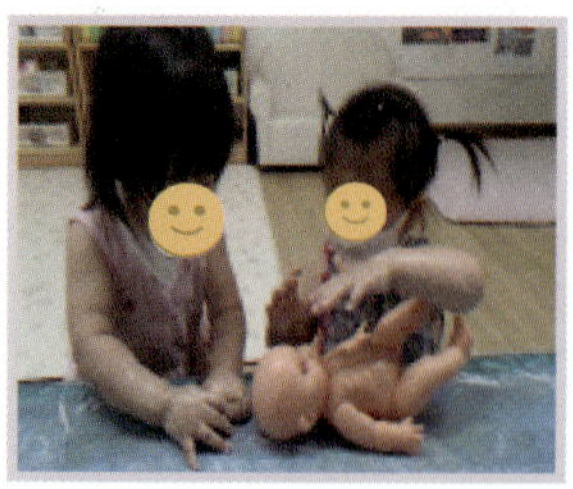

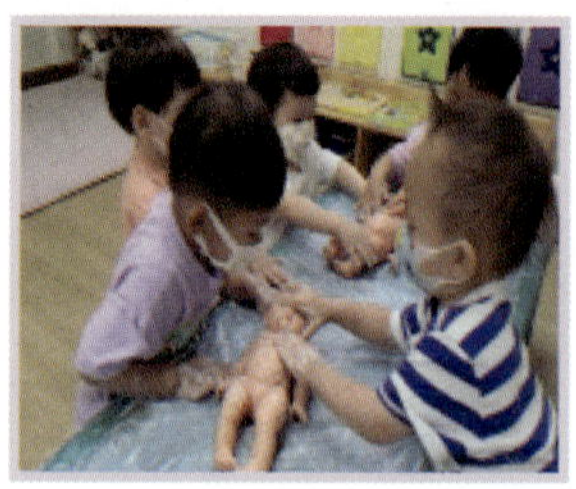

• 로션을 내 몸에 발라보고 인형에게도 발라보며 오감놀이

"치카치카 칫솔로 이 닦기 놀이해요"

〈기본생활습관과 연계한 놀이 / 일상생활 공간에서 이루어진 놀이〉

영아: "(칫솔 교구를 입가에 가져다대며)치카치카"
교사: "양치송에 맞춰 치카치카 해볼까요?"
영아: (컵을 들고서) "오그르르~ 퉤~"
교사: "물을 머금고 오그르르 입을 헹궈요. 아이, 개운해! 입 속의 꼬질벌레 들이 모두 씻겨 나갔네요."

영아의 관심과 교사의 지원

- **관심**: 칫솔, 치약, 양치질 하기
- **지원**: 영아가 사용한 칫솔로 만든 교구, 페트병을 재활용하여 만든 치아 모형, 동요 '양치송' 음원, 거울, 양치 관련 동화책, 가정에서 지원받은 양치 놀잇감

교사의 생각

- 영아가 사용했던 칫솔을 재활용하여 만든 양치 교구로 양치 놀이가 이루어지면서 기본생활습관 형성과 양치를 하는 이유를 알아보았고, 하루 일과 중 점심식사 후 양치할 때 놀이하며 배운 양치질 방법을 따라 앞니와 어금니, 혓바닥을 스스로 닦아보는 모습을 볼 수 있었다.

놀이를 통한 배움

- **영아**: 교사와 친구의 모습을 따라하면서 긍정적인 기본생활습관 **'내재화'**
  놀이에 적극적으로 참여하는 **'적극성'**
- **교사**: 자료를 추가로 제시하며 영아의 놀이 몰입을 돕는 **'지원자'**
  놀이에 참여하여 바른 양치 방법 **'모델링 제시'**

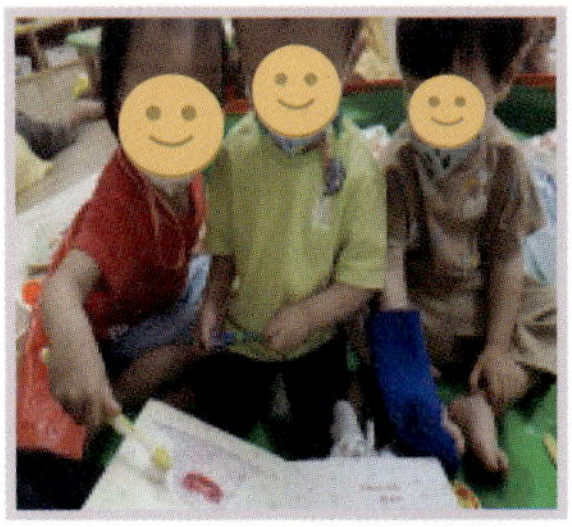

• 칫솔 교구를 사용해 양치질 놀이

"욕조에서 목욕놀이해요"

〈영아의 흥미를 반영한 놀이 / 다양한 재료를 활용한 놀이〉

교사: "우리 몸을 깨끗이 씻어볼까요?"
영아: "(목욕탕과 욕조 속으로 들어가며)풍덩! 보글보글~"
교사: "거품목욕을 하고 있네요. 여기 샤워기를 가져왔어요."
영아: (친구에게 샤워기를 가져다 대며) "내가 씻겨줄게."
교사: "고마워~ 땀으로 끈적거렸던 몸이 보송보송 깨끗해졌어요!"

영아의 관심과 교사의 지원

- **관심**: 목욕하는 모습, 거품목욕, 샤워기, 욕조
- **지원**: 재활용품과 자연물로 만들고 꾸민 욕조와 샤워기, 영아용 욕조, 톱니 포장충전재, 목욕용품 라인아트, 오감매트, 거울

학습공동체 협의

- **생각**: 가정과 함께 연계하여 평소 영아가 목욕할 때 가지고 놀이하는 놀잇감을 지원 요청함으로써 영아가 놀이에 몰입하고 친구에게 자신의 물건을 빌려주는 양보를 경험해 볼 수 있었다.
- **고민**: 교실 내에 거울이 역할영역과 떨어진 신체영역에 위치해서 영아가 스스로 목욕하는 모습을 살펴볼 수 없는데 어떻게 하면 좋을지 고민이다.
- **협의**: 영역의 고정관념을 깨고 신체영역에 욕조를 배치하여 거울을 보며 몸을 씻어보는 놀이가 이루어지도록 지원해야겠다.

놀이를 통한 배움

- **영아**: 자연물을 활용하여 아름답게 꾸미는 **'창의성'**
  자신의 흥미에 따라 놀이를 이끌어가는 **'주도성'**
- **교사**: 영아의 놀이에 즐거운 마음으로 함께하는 **'참여자'**

• 욕조에 들어가서 목욕놀이하기

• 에어캡 욕조 위에서 놀이하기

• 자연물로 욕조 꾸미기

"변기에 앉아 힘을 줘요"

〈바른 기본생활습관 형성 놀이 / 하루 일과와 연계한 놀이〉

영아: (그림책 속 변기 그림을 보며) "뿡뿡, 똥!"
교사: "변기에 앉아 끄응! 힘을 주었더니 똥이 나왔대요."
영아: (변기 놀잇감에 앉아 힘을 주며) "끄응~ 쉬 했어요."
교사: "정말 잘 했어요. 물을 내린 후에 깨끗이 손을 씻어요."
영아: (변기 속에 블록을 넣으며) "까꿍! 응가!"
교사: "변기 속에 똥이 있구나. 안녕? 반가워~"

영아의 관심과 교사의 지원

- **관심**: 대변, 변기, 친구가 변기를 사용하는 모습, 화장실
- **지원**: 변기 놀잇감, 종이블록, 가정에서 지원받은 배변활동 관련 동화책

교사의 생각

- 청결과 관련된 놀이가 이루어지면서 가정에서 배변활동과 관련된 동화책을 지원받아 함께 살펴보고, 배변훈련을 하고 있는 친구들의 변기를 사용하는 모습을 보며 변기에 관심을 가지고 앉아보면서 놀이가 이루어졌다.
- 변기와 친숙해질 수 있도록 변기에 앉아 힘을 주거나 화장실 사진 속 변기를 찾아보았고, 변기 속에 놀잇감을 넣어 까꿍놀이를 하며 몸에서 나온 대·소변에 대해 관심을 가질 수 있었다.

놀이를 통한 배움

- **영아**: 호기심을 가지고 놀잇감을 탐색하는 **'탐구하는 자세'**
- **교사**: **'가정과의 연계'**를 통해 영아가 즐겁게 놀이할 수 있도록 지원
  영아의 수준에 맞춰 놀이를 계획하고 실행하는 **'전문성'**

• 벽돌 블록으로 변기 모양 표현하기

• 변기 소리 책 읽기

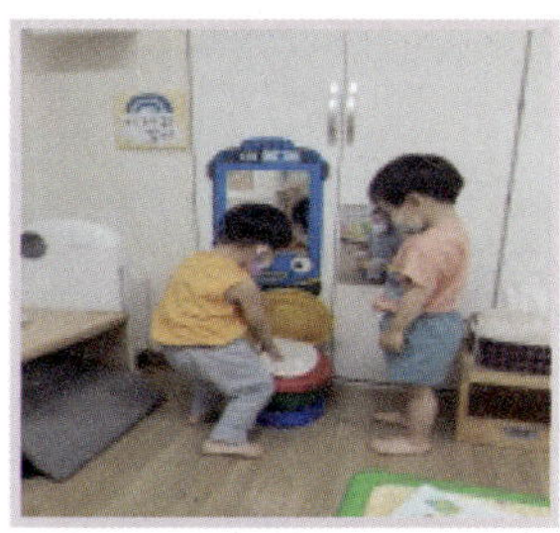

• 간이 변기 탐색하기

"나쁜 병균을 막아주는 마스크"

〈바른 기본생활습관 형성 놀이 / 일상용품을 활용한 놀이〉

교사: "○○아, 우리 마스크 쓰고 놀이할까요?"
영아: (벗겨진 마스크를 두 손으로 감싸며) "응!"
교사: "마스크가 우리 몸에 나쁜 병균이 들어오는 것을 막아준대요."
영아: (마스크에 스티커를 붙이며 놀이)
교사: "나만의 멋진 마스크를 만들어볼까요?"
영아: (친구 마스크를 가리키며) "어? 똑같네?"
교사: "정말 ○○이랑 마스크 무늬가 똑같네요. 신기하다~"

영아의 관심과 교사의 지원

- **관심**: 마스크에 스티커 붙이기, 마스크 생김새와 무늬 살펴보기
- **지원**: 마스크, 매직, 마스크 사진, 스티커, 색연필, 얼굴 사진, 아기 인형

교사의 생각

- 감염병 예방을 위해 마스크를 수시로 착용해야 하는 영아들에게 마스크가 우리 몸에 나쁜 병균이 들어오지 못하도록 막아주는 고마운 존재임을 알려주고 마스크를 직접 꾸미고 탐색하면서 친밀감을 형성하여 마스크를 긍정적으로 생각하고 우리 몸을 지키는 습관을 가질 수 있도록 하였다.
- 마스크 꾸미기 놀이 이후 친구의 마스크 무늬를 살펴보며 자신의 것과 비교해보는 모습이 관찰되었고, 놀이 도중 벗겨진 마스크를 다시 쓰려는 노력을 보였다.

놀이를 통한 배움

- **영아**: 여러 가지 꾸미기 재료를 이용하여 표현하는 **'창의성'**
  스스로 마스크를 착용해보고 자신의 건강을 지키려는 **'자주성'**
- **교사**: 다양한 재료를 활용하여 창의적인 표현을 할 수 있도록 돕는 **'지원자'**
  마스크의 필요성과 착용하는 방법을 알려주는 **'지식 전달자'**

• 마스크 꾸미고 자유롭게 놀이하기

• 내 얼굴을 찾아 마스크 씌워주기

강들반 놀이 흐름

한 눈으로 보는 2학기 놀이과정

9월

가을이 좋아요

가을 풍경을 탐색해요
가을에 볼 수 있어요

10월

가을이랑 놀이해요

가을 열매를 탐색해요
낙엽으로 놀이해요

11월

여러가지 탈것이 있어요

내가 좋아하는 자동차
기차, 배, 비행기

12월

추운 겨울이 왔어요

펑펑 눈이 옵니다
행복한 크리스마스

1월

쉬, 응가 놀이해요

변기로 놀이해요
화장실에 무엇이 있을까?

2월

새로운 것도 좋아요

4살이 되었어요
새들반을 탐색해요

3. 놀이3 가을 놀이해요.

놀이환경 구성

색이 변한 나뭇잎

바깥 놀이터에서 놀이를 하다 바닥에 떨어진 나뭇잎을 주워 교사에게 보여주며 탐색을 시도한다. 교사가 "나뭇잎이 노란색으로 변했다." 하니 색이 변한 나뭇잎을 탐색한다. 다른 영아들도 바닥에 떨어진 색이 변한 나뭇잎을 찾아보며 놀이가 시작된다.

강들반 교실 상황

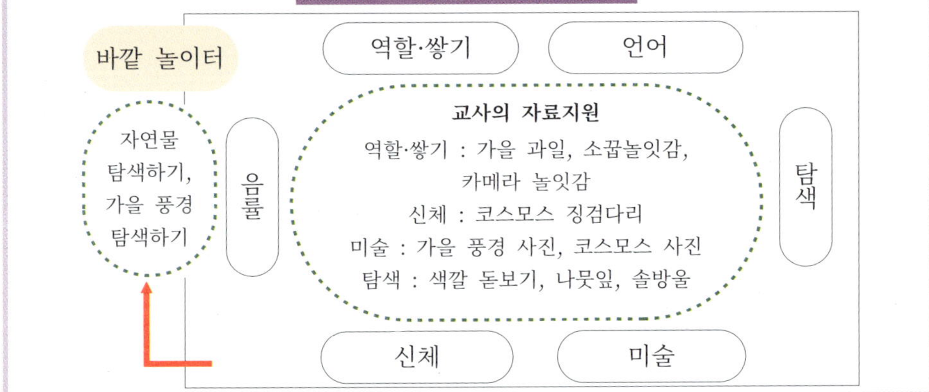

강들반의 모습

바깥 놀이터에서 나뭇잎을 탐색해보며 놀이를 시작하다가 가을 풍경 사진을 탐색하며 가을에 관심을 가진다. 가을 관련 잠자리, 코스모스를 꾸미고 내가 만든 놀잇감으로 놀이를 하기도 하고, 가을 과일을 탐색하고 과일 도장을 찍어보며 놀이가 이루어진다.

영아들의 흥미와 연계된 관심의 시작

"색이 변한 나뭇잎"
놀이의 관심 시작

"잠자리를 만들고 놀이해요"
잠자리를 만들어 보고 자유롭게 놀이하기

"나뭇잎 액자로 가을 풍경을 탐색해요"
ㅇㅇ공원에서 가을 풍경 탐색하기

"코스모스 꽃이 피었어요"
코스모스를 탐색하고 구성하기

"가을 열매로 놀이해요"
가을 관련 열매를 탐색하고 역할 놀이하기

"가을 풍경을 사진 찍어요"
내가 만든 카메라로 가을 풍경 사진 찍기

"색이 변한 나뭇잎"

〈영아가 발견한 놀이 / 바깥 놀이터에서 시작된 놀이〉

영아: "선생님 이거봐요."
교사: "나뭇잎이구나, 무슨 색깔이에요?"
영아: (나뭇잎을 보며) "음."
교사: "노란색으로 변했구나."
영아: "노란색!"
교사: "가을이 되어 나뭇잎의 색깔이 변했네요."

영아의 관심과 교사의 지원

- **관심**: 색이 변한 나뭇잎, 바깥 놀이터에서 볼 수 있는 가을 풍경
- **지원**: 가을 풍경 사진, 색깔이 변한 나뭇잎에 대해 언어표현, 색깔 돋보기, 가을 풍경 퍼즐 지원

교사의 생각

- 바깥 놀이 시간에 떨어진 나뭇잎을 주워 탐색해보고 영아들이 나뭇잎의 색깔이 변했음을 인지하고 주의깊게 관찰할 수 있는 시간이 되었다. 또, 놀이 속에서 자연물을 탐색해보고 관심을 가질 수 있는 기회가 되었다.
- 서서히 변해가는 가을 날씨에 따라 영아들도 가을에 대해 관심을 가지고 있는 모습을 보인다. 영아가 발견한 색이 변한 나뭇잎을 탐색하는 활동에 이어 어떤 활동을 지원하면 좋을까?

놀이를 통한 배움

- **영아**: 자연물의 변화를 관찰하는 **'탐구력'**
- **교사**: 영아가 발견한 놀이를 인정하는 **'수용성'**

• 바깥 놀이터에서 색이 변한 나뭇잎 찾아보기

• 색깔 렌즈로 바깥 풍경 탐색하기

"잠자리를 만들고 놀이해요"

〈바깥 놀이와 연계되어 이루어진 놀이〉

교사: "잠자리다."
영아: (잠자리를 가리키며) "잠자리?"
교사: "잠자리 눈이 커다랗구나, 꼬리는 어떻게 생겼지요?"
영아: (잠자리 꼬리를 가리킨다.) "이거야."
교사: "꼬리 찾았구나!"

영아의 관심과 교사의 지원

- **관심**: 잠자리 사진 탐색하기, 잠자리 흉내내기
- **지원**: 잠자리 만들기 재료 지원, 만든 잠자리를 바깥 놀이터 나무에 매달아 신체활동 지원

학습공동체 협의

- **생각**: 가을 곤충 잠자리에 관심을 가져 잠자리를 탐색해보고 잠자리를 직접 만들어 보기도 하며 여러 영역에서의 놀이가 연계되었다. 또, 영아들이 만든 잠자리를 바깥 놀이 시간에 가지고 나가 나무에 달아 잠자리를 잡아보며 신체활동도 이루어질 수 있었다.
- **고민**: 영아들이 코스모스에도 관심을 보이는 모습을 보였다. 지금은 코스모스가 피지 않아 실물 자료를 탐색하기 어려운데 어떤 활동이 좋을까?
- **협의**: 이번 잠자리 만들기를 통해 영아들이 만들기에 흥미를 보이는 모습을 보였다. 코스모스도 영아들이 직접 만들어 보면 좋을 것 같다.

놀이를 통한 배움

- **영아**: 창의적으로 놀이를 시도하는 **'창의성'**
- **교사**: 영아의 흥미를 파악하는 **'세심함'**

• 꾸미기 재료로 잠자리 만들기

• 내가 만든 잠자리의 집을 만들어 역할놀이하기

"코스모스 꽃이 피었어요"

〈영아가 주도하는 놀이 / 교실 곳곳에서 이루어진 놀이〉

교사: (코스모스 시트지를 건네며) "이게 무엇일까요?"
영아: "코스모스네!"
교사: "코스모스 꽃을 어디에 붙여주고 싶어요?"
영아: (교실 바닥을 가리킨다.)
교사: "코스모스 길을 만들었구나!"
영아: (코스모스 길을 따라 걸어본다.)

영아의 관심과 교사의 지원

- **관심**: 코스모스 사진 탐색하기, 코스모스 길 만들어 걸어보기
- **지원**: 영아가 직접 코스모스 길 만들어 보기 지원, 코스모스 만들기, '빨개졌데요' 동요 지원

교사의 생각

- 영아들이 코스모스 시트지를 바닥에 붙여 코스모스 길을 만들어보며 직접 놀이를 만들고 참여해볼 수 있었다. 또, 블록에 코스모스 사진을 붙여주니 영아들이 자발적으로 블록으로 코스모스를 길을 만들고 걸어보며 놀이를 주도하는 모습을 볼 수 있었다.
- 종이컵을 사용해 코스모스를 만들어보며 다양한 예술경험이 이루어질 수 있었고, 재활용 종이컵을 사용해 만들기를 하며 자연스럽게 재활용에 대해서도 경험이 이루어졌다. 영아들이 더욱 다양한 가을 풍경을 관찰할 수 있도록 근처 공원에 방문해 활동을 진행해야겠다.

놀이를 통한 배움

- **영아**: 스스로 놀이를 만들고 여러 방법으로 놀이에 참여하는 **'자발성'**
- **교사**: 다양한 경험을 제시하려고 노력하는 **'지원자'**

• 코스모스 블록 길 만들어 걸어보기

• 종이컵으로 코스모스 만들고 바깥 놀이터에서 놀이하기

"나뭇잎 액자로 가을 풍경을 탐색해요"

〈지역사회와 연계하여 이루어진 놀이〉

교사: "○○ 공원에 가기 전에 지켜야 할 약속이 무엇일까요?"
영아: "음... 뛰면 안돼요!"
교사: "맞아요! 선생님 손 꼭 잡고 천천히 가는거예요."
교사: "액자에 어떤 모습이 보일까?"
영아: "선생님 이거봐요!"
교사: "우와 나뭇잎이 갈색이구나!"

영아의 관심과 교사의 지원

- **관심**: ㅇㅇ 공원에서 볼 수 있는 가을 풍경 탐색하기
- **지원**: 지역사회연계 활동으로 ㅇㅇ공원으로 이동, 교통안전 규칙, 종이 접시 액자, 종이 접시로 가을 풍경 탐색하기, 종이 접시에 나뭇잎 붙여 액자 만들기 지원

학습공동체 협의

- **생각**: 지역사회 연계 활동으로 ㅇㅇ공원에 이동해 활동을 진행해 영아들이 교통 안전규칙에 대해서 직접 실천해보고 우리 동네 주변에 있는 공원에서 가을 풍경을 탐색해보며 활동이 연계될 수 있었다.
- **고민**: 가을에 관련된 실물 자료가 부족해 영아들의 활동이 확장되는 데 어려움이 있는 것 같았다.
- **협의**: 어린이집 감나무에 열린 감에 관심을 가지는 모습을 보이고 있어 여러 가지 가을 과일을 제시해보는 것도 좋을 것 같다.

놀이를 통한 배움

- **영아**: 놀이를 통해 배우는 '**교통 안전규칙**'
- **교사**: 영아의 놀이를 확장하기 위해 노력하는 '**지원자**'

• 종이 접시 액자로 ㅇㅇ공원에서 볼 수 있는 가을 풍경 탐색하기

"가을 열매로 놀이해요"

〈오감을 자극하는 놀이 / 교실 곳곳에서 이루어진 놀이〉

영아: "선생님 이거 감이에요?"
교사: "맞아요! 감이에요. 감은 무슨 색이에요?"
영아: (감을 만진다.)
교사: "주황색이에요!"
영아: (배를 들어 탐색한다.) "이건 뭐지?"
교사: "그건 배구나!"

영아의 관심과 교사의 지원

- **관심**: 바깥 놀이터에 있는 감나무 탐색하기
- **지원**: 감, 사과, 배, 귤 등 실물 가을 과일, 물감, 도화지

교사의 생각

- 실물 가을 과일을 제시해 영아들이 과일을 오감으로 탐색해보며 오감을 자극할 수 있었다. 또, 가을 과일로 역할놀이도 하며 자연스럽게 다양한 활동이 함께 이루어질 수 있었다.
- 과일을 잘라 단면을 탐색하고 씨앗에도 관심을 가질 수 있었다. 과일 단면을 물감에 묻혀 도장을 찍어보기도 하며 단면의 모양을 관찰하고 예술활동을 경험해볼 수 있는 시간이 되었다.

놀이를 통한 배움

- **영아**: 오감으로 사물을 탐색하는 '**적극성**'
- **교사**: 여러 가지 놀이를 지원하는 '**조력자**'

• 가을 과일 탐색하기 • 가을 과일 도장 찍기

"가을 풍경을 사진 찍어요"

〈바깥 놀이터에서 이루어진 놀이〉

교사: "우리 ○○ 공원에서 놀이했던 사진이네요."
영아: "이거 나야! 이건~ 찰칵!"
교사: (카메라 지원) "카메라로 사진 찍어볼까요?"
영아: (카메라로 사진을 찍는 흉내를 낸다.) "찰칵!"
교사: "바깥 놀이터에서 볼 수 있는 모습도 찍어줄까요?"

영아의 관심과 교사의 지원

- **관심**: 카메라, 카메라로 사진 찍는 흉내내기
- **지원**: 바깥 풍경 사진 찍기, 바깥 풍경에 대해 언어 표현하기

교사의 생각

- 어린이집 근처 놀이터에서 볼 수 있는 가을 풍경을 탐색해 볼 수 있었다. 또 영아들이 카메라로 자신이 원하는 풍경의 모습을 찍어보는 흉내를 내며 가을 풍경에 대해 적극적으로 탐색하고 관심을 가질 수 있었다.
- 놀이터에 떨어진 낙엽을 빗자루를 사용해 쓸어보며 나뭇잎으로 놀이가 이루어졌다. 대·소 근육을 조절해 빗자루질을 해보며 신체활동에도 도움을 줄 수 있었다. 영아들이 관심 놀이와 관련된 다양한 경험이 이루어질 수 있도록 끊임없이 고민하고 지원해야겠다.

놀이를 통한 배움

- **영아**: 놀이를 스스로 확장해 가는 '**자율성**'
- **교사**: 다양한 놀이를 경험할 수 있도록 돕는 '**협력자**'

• 가을 풍경 사진 찍기

• 놀이터에서 만난 비둘기 사진 찍기

• 빗자루로 나뭇잎 쓸기

4. 놀이4 여러가지 탈것이 있어요.

놀이환경 구성

블록으로 만든 길

움직임과 관련된 놀이가 이루어지면서 영아들이 대·소근육을 조절하며 블록으로 구성한 길을 따라 걸어보다가 직접 만든 블록 자동차를 가져와 길 위에서 움직여보며 탈것과 관련된 놀이를 시작한다.

강들반 교실 상황

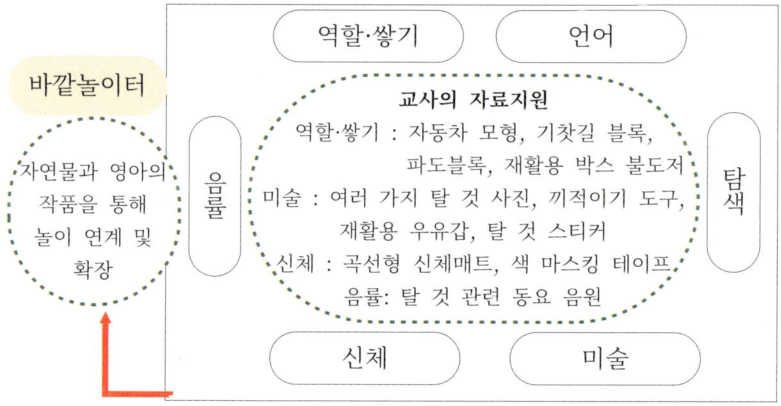

강들반의 모습

쌓기영역에서 블록으로 만든 도로 위를 자동차로 움직여 보면서 관심이 시작되어, 신체영역과 연계하여 기차놀이가 이루어지고, 가정과 연계하여 재활용 우유갑을 지원받아 미술영역에서 꾸미기 재료로 나만의 배를 만들어본다. 음률영역에서 '간다간다', '떴다 떴다 비행기', '으라차차 중장비' 등 여러 가지 탈것 관련 동요에 맞춰 악기를 연주하거나 역할영역과 연계하여 공사장 놀이가 이루어진다.

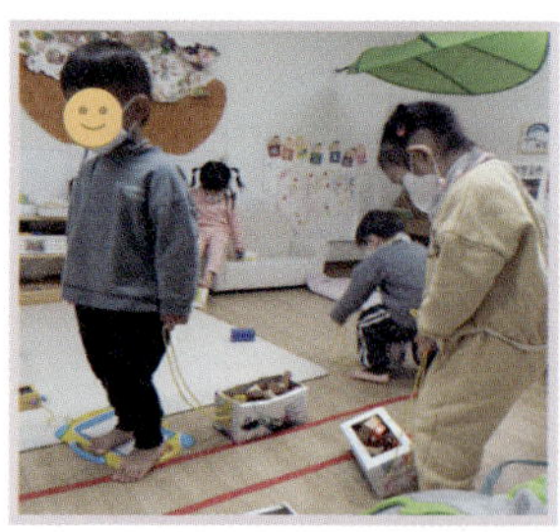

영아들의 흥미와 연계된 관심의 시작

"길을 따라
자동차를 움직여요"
놀이의 관심 시작

"끌차에 담아
끌어보아요"
**끌차에 놀잇감과
자연물을 담아
끌어보며 움직이기**

"둥둥 배를
띄워요"
**재활용품으로 만든
배를 종이수조에
띄워보기**

"칙칙폭폭
기차놀이해요"
**기찻길을 구성하고
차례차례
기차놀이하기**

"하늘을 다니는
탈것이 있어요"
**하늘에서 볼 수
있는 탈것에
관심 가지기**

"여러 가지
중장비로 놀이해요"
**다양한 중장비로
공사장 놀이하기**

"길을 따라 자동차를 움직여요"

〈영아가 주도하는 놀이 / 다양한 공간에서 이루어진 놀이〉

영아: (블록으로 길을 구성한다.)
교사: "기다란 길이 완성되었구나."
영아: (자동차 모형을 가져와서) "붕붕~ 삐~ 빵빵!"
교사: "자동차가 다니는 도로구나. 구불구불한 길을 따라 가볼까요?"
영아: (자동차 모형을 가리키며) "이거 구급차야. 소방차!"
교사: "구급차가 삐뽀삐뽀 지나가요. 소방차가 불 끄러 가는구나."

영아의 관심과 교사의 지원

- **관심**: 여러 가지 형태의 길, 다양한 자동차
- **지원**: 촉감 블록, 색 마스킹 테이프, 곡선형 신체매트, 다양한 자동차 모형

교사의 생각

- 영아가 블록이나 테이프 등을 활용하여 구성한 길 위에서 자동차를 움직여 보면서 대·소근육을 조절해보고 다양한 움직임을 탐색해 볼 수 있었다.
- 여러 형태의 길뿐만 아니라 자동차의 다양한 종류에도 관심을 보였다. 자동차를 차례대로 움직이며 기차처럼 움직여보거나 자동차의 생김새와 소리, 쓰임새에 흥미를 보였고, 이를 직접 꾸며서 움직여 볼 수 있는 자료로 지원해야겠다.

놀이를 통한 배움

- **영아**: 자신의 흥미에 따라 놀이를 이끌어가는 **'주도성'**
- **교사**: 영아의 흥미를 반영한 새로운 놀이를 발견하는 **'놀이 발견자'**

• 여러 가지 형태의 길에서 다양한 자동차를 움직여보기

"끌차에 담아 끌어보아요"

〈영아의 작품을 활용한 놀이 / 바깥으로 이동하여 확장된 놀이〉

영아: (교사에게 끌차를 보이며) "선생님, 이거 봐요."
교사: "알록달록한 끌차 정말 멋지구나. 무엇을 담아볼까요?"
영아: (놀잇감을 담고서 길을 따라 끌어보며 놀이한다.)
교사: "바깥으로 끌고 가볼까요? 영차영차!"
영아: (색깔 림보를 지나며) "야호!"
교사: "순서대로 림보를 지나가요. 칙칙폭폭~"

영아의 관심과 교사의 지원

- **관심**: 영아가 직접 꾸민 끌차
- **지원**: 끼적이기 도구, 교실 놀잇감, 모래, 색깔 림보

학습공동체 협의

- **생각**: 직접 만든 끌차를 끌어보면서 더욱 활발한 신체활동이 이루어졌고, 놀잇감과 자연물을 담아 움직여보며 소근육을 조절해 볼 수 있었다.
- **협의**: 끌차를 준비할 때 바퀴를 달지 않아 움직이는 데 더욱 많은 힘이 필요했고, 자동차에 관심을 보이고 있는 영아에게 흥미 유발이 어려웠다. 끌차의 형태를 좀 더 자동차와 같도록 준비가 필요하다.
- **지원**: 끌차를 차례대로 움직이며 기차놀이에 흥미를 보이는 모습이었다. 기찻길 블록과 움직이는 기차 모형을 지원해야겠다.

놀이를 통한 배움

- **영아**: 놀이에 적극적으로 참여하는 **'적극성'**
- **교사**: 새로운 자료를 제시하여 놀이가 확장되도록 돕는 **'지원자'**

• 끌차에 원하는 색으로 끼적이기

• 끌차를 끌며 색깔 림보 지나가기

• 바깥 놀이터의 모래를 끌차에 담고 끌어보기

"칙칙폭폭 기차 놀이해요"

〈영아가 원하는 놀이 / 넓은 공간을 활용한 놀이〉

영아: (기찻길을 따라 움직이는 기차 모형을 보며) "기차다!"
교사: "기찻길을 따라서 빙글빙글 도는구나. 내가 만든 기차도 연결해볼까요? 같이 움직인다!"
영아: "나도 해볼래. 같이 가자, 친구들아."
교사: "우리도 함께 기차처럼 차례차례 움직여볼까요?줄을 잡고 칙칙폭폭~"

영아의 관심과 교사의 지원

- **관심**: 기차, 기차처럼 차례차례 움직여보기
- **지원**: 기찻길 블록, 움직이는 기차 모형, 기다란 줄, 기찻길 도로 테이프, 끼적이기 도구

교사의 생각

- 기찻길을 따라 스스로 움직이는 기차 모형을 살펴보고 블록으로 만든 기차를 연결해 보며 기차의 움직임을 탐색할 수 있었다. 또한 직접 기차가 되어 친구와 함께 차례대로 걸어보면서 긍정적인 또래 관계를 형성할 수 있었다.
- 육상에서 움직이는 탈것에만 관심이 집중되어 움직임에 제한이 있는 모습이다. 다양한 움직임을 표현해보며 놀이해 볼 수 있도록 해상과 하늘에서 볼 수 있는 탈것에 대한 자료를 지원해야겠다.

놀이를 통한 배움

- **영아**: 스스로 원하는 놀이를 시작하는 '**자율성**'
- **교사**: 다양한 놀이를 경험할 수 있도록 돕는 '**협력자**'

• 기찻길을 따라 스스로 움직이는 기차 살펴보기

• 기차가 되어 친구와 차례차례 움직여보기

• 기찻길 위를 달리는 기차의 모습 끼적이기

"둥둥 배를 띄워요"

〈재활용품을 활용한 놀이 / 바깥 놀이터로 연계된 놀이〉

교사: "블록에 파도 사진이 있네요? 커다란 바다가 완성되었어요."
영아: (파도블록에 자동차를 올려두며) "나 물에 빠졌어. 도와줘!"
교사: "저런, 자동차가 바다에 빠졌구나. 어떡하지?"
영아: (배 그림조각을 잡고서) "내가 도와줄게! 친구야, 고마워."
교사: "정말 친절하구나. 배를 타니까 둥둥 물에 떴어요."

영아의 관심과 교사의 지원

- **관심**: 배, 바다, 파도치는 모습, 배가 물에 뜨는 모습
- **지원**: 파도블록, 재활용 우유갑, 끼적이기 도구, 탈것 스티커, 종이수조

학습공동체 협의

- **생각**: 가정에서 재료를 지원받아서 충분한 수의 놀잇감을 만들어 볼 수 있었다. 또, 육상이 아닌 새로운 곳의 탈것을 탐색해 보면서 새로운 형태의 탈것을 경험해 볼 수 있었다.
- **고민**: 추운 날씨로 인해 물이 차가워서 영아들의 건강 상태가 우려되었다. 물을 대신할만한 방법은 없을까?
- **협의**: 물과 비슷한 색의 종이를 잘게 찢어서 수조에 담아두면 좋을 것 같다. 종이가 바람에 날아가지 않도록 뚜껑을 덮어 보관하면 좋겠다.

놀이를 통한 배움

- **영아**: 여러 가지 꾸미기 재료로 표현해 나만의 작품을 완성하는 **'창의성'**
- **교사**: 영아의 건강상태와 주변환경 상황을 고려하는 **'보육 민감성'**

• 파도블록 위에서 자유롭게 탈것 움직이기

• 재활용 우유갑으로 나만의 배 꾸며보기

• 종이수조 속에 내가 만든 배 띄워보기

"하늘을 다니는 탈것이 있어요"

〈영아의 흥미를 반영한 놀이 / 다양한 재료를 활용한 놀이〉

영아: (바깥에서 들려오는 비행기 소리에 관심을 가지며) "선생님, 무슨 소리야? 이거 비행기야?"
교사: "슝~ 비행기 소리가 들리는 구나. 하늘을 날아다닌대요."
영아: (양 손을 옆으로 뻗으며) "이렇게 슝~"
교사: "맞아요. 비행기는 커다란 날개가 있어요."
영아: "아니야. 이거 헬리콥터야."
교사: "헬리콥터 소리 같았구나. 헬리콥터는 어떻게 날아갈까요?"
영아: (손바닥을 펼쳐 원을 그리며) "두두두두~"

영아의 관심과 교사의 지원

- **관심**: 비행기, 헬리콥터, 하늘의 모습
- **지원**: 비행기 & 헬리콥터 라인아트, 국수, 종이 헬리콥터, 종이비행기, 모양 도장, 꾸미기용 스티커

교사의 생각

- 바깥에서 들려오는 비행기와 헬리콥터 소리에서 시작된 영아의 흥미가 반영되어서 영아들이 놀이에 더욱 집중하는 모습을 보였다. 또한 소리를 따라 언어, 신체, 미술 등의 방법으로 다양하게 표현해 보는 창의적인 놀이 모습이 관찰되었다.
- 영아들이 일상생활에서 쉽게 접해볼 수 있는 탈것들을 알아보면서 자동차의 형태로만 이루어지던 놀이가 비행기, 배, 기차, 로켓 등의 모습으로 확장된 모습을 볼 수 있었다. 이번에는 중장비와 같이 쉽게 접하기 힘든 탈것에 대한 놀이를 계획하여 새롭고 풍부한 놀이 경험을 지원해야겠다.

놀이를 통한 배움

- **영아**: 주변 환경에 호기심을 가지고 반응하는 **'탐구하는 자세'**
- **교사**: 영아의 새로운 놀이경험을 위해 고민하는 **'적극성'**

• 소면으로 탈것 라인아트 꾸미기

• 빙글빙글 종이 헬리콥터의 떨어지는 모습 살펴보기

• 도장을 찍어 나만의 종이비행기 꾸미기

“여러 가지 중장비로 놀이해요”

〈가정과 연계하여 이루어진 놀이 / 교실 곳곳에서 이루어진 놀이〉

영아: (친구가 가져온 덤프트럭을 가리키며) “이거 덤프트럭!”
교사: “커다란 덤프트럭이구나. 정말 크다!”
영아: (트럭에 스타핑을 담으며) “내가 흙 가져왔어. 정말 많지?”
교사: “트럭에 흙을 담았구나. 정말 많다~”
영아: (상자로 만든 불도저에 타며) “위험해요~ 비켜주세요!”

영아의 관심과 교사의 지원

- **관심**: 다양한 중장비, 공사장의 모습
- **지원**: 중장비 사진, 오감매트, 스타핑, 상자로 만든 대형 불도저, 여러 가지 탈것 스티커, 뽁뽁이, 재활용 병뚜껑, 가정에서 지원받은 중장비 모형

학습공동체 협의

- **생각**: 가정에서 놀잇감을 지원받아서 다양한 크기와 모양의 중장비를 경험해 볼 수 있었고 영아들의 놀이 집중이 더욱 잘 이루어진 것 같았다. 또한 내 물건으로 친구와 함께 놀이하며 긍정적인 또래 관계를 형성할 기회가 되었다.
- **고민**: 중장비 놀잇감을 자동차나 기차처럼 단순하게 움직이며 놀이하는 모습이 보였다. 중장비의 움직임을 어떻게 보여주면 좋을까?
- **협의**: 교사도 놀이에 참여하면서 중장비가 어떻게 움직이는지 놀이 모습으로 제시하면 좋을 것 같다.

놀이를 통한 배움

- **영아**: 놀잇감을 공유하고 친구와 함께 놀이하며 **‘긍정적인 또래관계’** 형성
- **교사**: 영아의 놀이에 참여하며 다양한 중장비의 움직임 **‘모델링 제시’**

• 사진 속 내가 좋아하는 중장비 가리키기

• 여러 중장비 놀잇감으로 공사장 놀이하기

• 커다란 불도저에 친구와 함께 타기

5. 놀이지원을 위한 가정연계

가정과의 협력사항

- 매주 놀이 내용이 담긴 '놀이 story' 배부
- 키즈노트 앨범을 통해 매주 놀이 사진 발송
- 개인 알림장을 통해 원과 교사와의 활발한 소통
- 놀이 주제와 관련된 놀잇감과 만들기용 재활용품 지원
- 유아 흥미 놀이를 가정에서 실천 후 실천 모습 사진 찍어 지원
- 가정에서 해볼 수 있는 놀이를 제시하여 놀이 연계 및 확장

가정연계를 통한 놀이 전개

- 가정에서 영아들이 가지고 놀이하는 놀잇감, 동화책 지원
- 손 씻기, 마스크 쓰기, 양치질하기 등 가정에서 청결에 관련된 모습을 실천하고 실천 모습을 사진 찍어 지원
- 나만의 배 만들기를 위해 재활용품을 지원받아 미술 활동이 이루어짐
- 영아가 만든 작품을 가정으로 가져가서 해볼 수 있는 놀이 제안

가정연계의 효과

- '놀이 story'와 앨범 사진을 통해 놀이의 이해 및 적극적인 가정 지원
- 개인 알림장을 통해 영아 개별 발달 수준 이해 및 가정연계 지도
- 영아가 가정에서 놀이하는 놀잇감을 또래와 나누며 나의 것을 나누는 것을 경험하고 양보하는 태도를 경험할 수 있음
- 기본생활습관과 관련된 모습을 가정에서 함께 지도해 효과적인 배움 활동
- 놀이가 여러 가지 모습으로 확장 및 연계되면서 다양한 경험이 이루어짐

• 가정에서 지원받은 주제 관련 그림책 및 놀잇감

• 가정에서 함께 실천한 위생 사진

Ⅱ. 영아 놀이중심
만 2세반

새들반 놀이 흐름

한 눈으로 보는 1학기 놀이과정

3월

내가 좋아하는 놀이

적응을 위한 놀이
우리 선생님과 친구들이에요

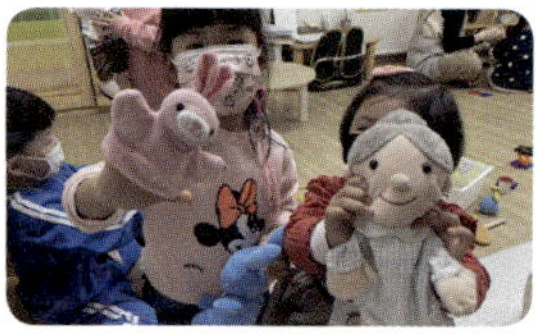

4월

봄이 왔어요

봄을 느껴보아요
싹이 자라나요

5월

봄에 볼 수 있어요

무당벌레야, 나비야 안녕?
소풍놀이해요

6월

우리 동네

우리 동네 한 바퀴
자연물로 놀이해요

7월

깨끗이해요

쓱쓱싹싹 내 몸을 씻어요
조물조물 빨래해요

8월

즐거운 여름

비를 느껴보아요
처얼썩 파도를 표현해요

1. 놀이1 봄이 왔어요.

놀이환경 구성

알록 달록 꽃이 피었어!

새들반에서의 생활을 시작하며 교실과 실외 놀이터 등 다양한 공간에서 놀이를 하며 따뜻해지는 봄 날씨와 꽃, 봄에 볼 수 있는 곤충들에게 관심을 가지고 탐색하는 시간을 가져보며 놀이를 시작한다.

새들반 교실 상황

탐색영역 | 역할영역 | 쌓기영역 | 컴퓨터 | 음률영역 | 언어영역 | 휴식 영역 | 미술 영역 | 컴퓨터 | 입구

교사의 자료지원

바깥놀이를 통한 봄의 경험
언어&책꽂이 : 봄, 숲, 자연과 관련된 그림책
역할 : 음식모형 ,그릇모형 ,곤충의상 ,돗자리 ,가방
쌓기 : 종이벽돌블록 , 박스블록 , 나무블록
탐색 : 곤충모형 , 강낭콩화분 ,봄꽃씨앗 ,돋보기 ,개미관찰키트
음률 : 봄 풍경 발자국 ,
미술 : 습자지 , 휴지심 , 계절스티커 ,

새들반의 모습

영아들이 환경과 교구를 충분히 탐색하며 표현하는 것에 즐거움을 느끼는 모습을 보여 영아들이 자신의 생각이나 느낌을 놀이로 표현하도록 민감하게 반응하여 필요한 것을 제공한다. 영아들의 놀이가 확장될 수 있도록 유희실이나 옥상으로 환경의 변화를 주며 영아들의 흥미에 맞춰 놀이를 자유롭게 이어갈 수 있도록 지원 및 도움을 준다.

영아들의 흥미와 연계된 관심의 시작

"여기 꽃이 피어 있어요"
관심의 시작

"싹이 자라나요"
자연물 관찰, 탐색놀이

"나비 안녕 무당벌레 안녕"
자유롭게 신체표현 하기

"뱅글뱅글 바람개비"
놀이자료제작 및 가정연계

"씨앗을 심고 가꿔요"
자연과 함께한 놀이

"꽃가게로 오세요"
또래와 함께하는 놀이 경험하기

"소풍을 가요"
경험을 통한 놀이의 전개

"봄을 찾아보아요"

〈영아가 발견한 놀이 / 스스로 찾은 놀이〉

"여기는 어린이집 화단이에요."	"곤충들이 꽃이 있는 곳에 왔어."
"이것봐 나무에 꽃이 많이 있지?"	"안녕 나는 무당벌레야."
"꽃이 아주 많이 피어 있어."	"무당벌레는 점이 있네?"
"나비가 꽃을 좋아해."	"개미는 어떻게 움직이지?"
"꽃잎이 바람을 타고 왔어."	"다리가 아주 많아.개미..."
"꽃잎을 모아보자."	

영아의 관심과 교사의 지원

- **관심**: 동화책, 교실에 붙어있는 어린이집 화단, 봄 사진을 보며 봄을 알아보기, 개미관찰키트, 봄꽃 교구
- **지원**: 봄에 볼 수 있는 환경 사진, 그림자료, 영아들이 꾸민 막대인형 봄꽃 탐색판

학습공동체 협의

- **생각**: 영아들이 봄에 관심을 가질 때 어떻게 봄을 탐색할 수 있을까?
- **협의**: 영아들이 오감을 활용하여 느끼며 놀이할 수 있는 기회를 제공하고, 자신만의 생각이나 느낌을 자유롭게 표현할 수 있는 활동자료를 제공하여 다양한 꽃을 탐색해 볼 수 있도록 지원하는 게 어떨까?

놀이를 통한 배움

- **영아**: 일상에 다양한 자연을 탐색해나가는 **'탐구자'**
- **교사**: 놀이가 확장되어질 수 있도록 돕는 **'지원자'**

• 가정에서 지원받은 그림책 읽기

• 봄에 볼 수 있는 꽃의 씨앗 관찰하기

• 꽃 징검다리로 신체표현

"싹이 자라나요"

〈자연을 통한 놀이 / 관찰, 탐색하며 경험하는 놀이〉

"흙이야."	"강낭콩이 싹이나요?"
"흙이 보들보들해."	"강낭콩이 언제 싹이나요?"
"돌멩이는 동그랗고 딱딱해."	"콩이 열리는거야?"
"초콜릿 같아요."	"강낭콩이 키가 많이 컸어요."

영아의 관심과 교사의 지원

- **관심**: 탐색영역 흙과 강낭콩
- **지원**: 바깥 놀이터에 나가 놀이하며 자연을 탐색할 수 있는 경험하기, 영아들의 감각적인 경험에 대해 질문하기

교사의 생각

- 탐색영역에 흙과 돌을 탐색하다 흙 속에 심어둔 강낭콩을 관찰하는 것에 흥미를 보여 강낭콩이 성장하는 모습을 자유롭게 탐색하고 표현해 볼 수 있도록 지원하였더니 흥미가 지속되었다.

놀이를 통한 배움

- **영아**: 일상에 다양한 자연을 탐색해나가는 '**탐구자**'
- **교사**: 영아의 흥미와 놀이를 인정하고 끊임없이 지원하는 '**조력자**'

• 교실 탐색영역에서 자라는 강낭콩을 바깥 놀이터에 옮겨 관찰 및 탐색

"무당벌레야 안녕 나비야 안녕?"

〈영아가 발견한 놀이 / 친구와 함께 하는 놀이〉

"이건 어떤 곤충이지?"
"나비가 팔랑팔랑 날라오는거야."
"사슴벌레야 사슴벌레는 집게도 있어."
"나비는 알이야?"
"애벌레는 뭘 먹고 살지?"

"무당벌레랑 나비는 친구야."
"꽃을 좋아하는 친구."
"애벌레야 안녕?"
"나랑 같이 꽃을 찾으러 갈까?"
"나비는 꽃을 좋아해."

영아의 관심과 교사의 지원

- **관심**: 곤충 사진과 표본, 모형, 곤충 옷
- **지원**: 곤충 그림책 읽어주기 영상자료, 곤충의상, 물감, 재활용품 지원

학습공동체 협의

- **고민**: 영아들이 곤충에 흥미를 보일 때 곤충을 영아들이 탐색하고 표현할 수 있는 방법은 무엇이 있을까?
- **협의**: 신체적으로 표현하기를 좋아하는 영아들이 곤충의 모습을 자유롭게 표현해 볼 수 있도록 그림책과 영상자료를 활용하여 탐색하여보고, 움직임을 표현할 수 있도록 도와주어야겠다.

놀이를 통한 배움

- **영아**: 놀이를 통해 즐거운 '**주체자**'
- **교사**: 영아들이 자유롭게 표현할 수 있도록 돕는 '**지원자**'

• 곤충의상 퍼포먼스

• 물감찍기 표현놀이

• 비닐 나비 모빌놀이

"꽃가게로 오세요"

〈영아가 발견한 놀이〉

"알록달록 꽃 사세요."	"꽃이 자꾸 넘어지네?"
"여기는 꽃을 파는 가게에요."	"꽃은 화분에 담아져 있어요."
"꽃이 아주 많아."	"꽃을 사서 엄마한테 선물할 거에요."
"나는 노랑색 꽃을 좋아해."	"선생님은 무슨 꽃 줄까요?"
"엄마는 분홍색 꽃이 좋대."	"저도 꽃 좋아해요."

영아의 관심과 교사의 지원

- **관심**: 조화, 영아들이 직접 표현한 꽃도안, 화분
- **지원**: 가게 놀이교구, 색종이 컵, 꽃가게 글자, 꽃가게 사진, 우리 동네 주변 꽃가게 사진

교사의 생각

- 꽃을 구할 수 있다는 것에 관심을 가지는 영아들과 가게놀이를 하며 물건을 사고 파는 것을 경험하고, 놀이로 표현하는 것에 대해 흥미를 가질 수 있었다.

놀이를 통한 배움

- **영아**: 놀이를 통해 즐거운 '**주체자**'
- **교사**: 다양한 놀이를 경험할 수 있도록 돕는 '**협력자**'

- 영아들이 직접 꾸민 꽃과 화분에 대한 관심으로부터 시작된 꽃 가게 놀이

"씨앗을 심고 가꿔요"

〈자연과 함께 한 놀이 / 오감으로 느끼는 감각놀이〉

"동글동글 콩처럼 생겼는데?"	"구멍에 씨앗을 넣어요?"
"꽃마다 다르게 생겼어."	"이건 내 화분이야."
"여기서 삐죽 꽃이 나오는 거에요?"	"내 화분에서 꽃이 피는 거래."
"흙은 차갑네?"	"잘 자라라~ 내가 물 줄게."

영아의 관심과 교사의 지원

- **관심**: 여러 가지 식물의 씨앗 (탐색판)
- **지원**: 씨앗과 흙, 활동 매트, 모종삽, 식물의 성장과 관련된 동화책, 가정에서 지원받은 재활용품(화분)

교사의 생각

- 꽃이 씨앗에서 자라는 것에 관심을 가진 영아들이 오감을 활용한 경험을 할 수 있도록 씨앗을 준비하였다. 영아들이 꽃을 심고 가꾸어 보며 자연을 느끼고 식물의 성장에도 관심을 가질 수 있는 기회가 되겠다고 생각된다.

놀이를 통한 배움

- **영아**: 놀이를 통해 즐거운 '**주체자**'
- **교사**: 영아들이 자유롭게 표현할 수 있도록 돕는 '**지원자**'

• 가정에서 지원받은 화분에 흙과 꽃을 탐색하고 직접 심어보기

"꽃이 빙글 바람개비"

〈가정지원물품과 연계한 놀이〉

"이건 무당벌레 바람개비에요." "친구들이랑 같이 바람개비 만들어요." "뱅글뱅글 돌아가는거야?" "빨리 뛰니까 빙글 돌아가."	"그림자가 생겼어 꽃처럼 생겼네?" "이것봐. 나는 우산처럼 쓸 수 있어." "햇빛이 뜨거우니까 아래로 들어가자! 우산이 되었어. 우산!"

영아의 관심과 교사의 지원

- **관심**: 영아가 가정에서 가져온 무당벌레 바람개비
- **지원**: 색종이컵과 꾸미기 재료, 막대, 영아들이 다양한 방법으로 바람개비를 느껴볼 수 있도록 언어적으로 표현해 주기

학습공동체 협의

- **고민**: 영아들이 가정에서 가져온 지원 물품과 연계하여 어떻게 놀이하면 좋을까?
- **협의**: 꽃에 대한 흥미가 지속되고 있으니 바람개비로 꽃모양을 만들어 놀이하면 두가지의 관심을 함께 탐색할 수 있을 것 같다.

놀이를 통한 배움

- **유아**: 놀이를 하며 스스로 생각한 것을 표현하기를 즐기는 '**자율성**'
- **교사**: 다양한 놀이를 경험할 수 있도록 돕는 '**협력자**'

• 가정에서 가져온 바람개비에 관심을 보여 바람개비 표현하고 놀이하기

"소풍을 가요"

〈영아의 경험과 연계된 놀이 / 친구와 협동하는 놀이〉

"나는 엄마랑 소풍 갈 거에요."
"김밥이랑 과자 가지고 가야지."
"커다란 돗자리도 필요해."
"기차를 타고 갈거야."

"시원한 바람이 부는 곳으로 소풍가자."
"내가 간식을 준비했어."
"친구야 맛있게 먹어."
"선생님 이것도 먹어봐요."

영아의 관심과 교사의 지원

- **관심**: 소풍 관련 그림책, 다양한 소꿉 놀잇감, 모형 음식 차리기, 소풍놀이
- **지원**: 돗자리, 소풍을 다녀온 경험에 대해 이야기 나누어보고 표현하도록 격려하기, 소풍과 관련된 놀잇감 제공하기

교사의 생각

- 영아들이 소풍에 대한 경험을 표현하며 소풍에 대해 흥미를 표현하는 영아들에게 관련된 교구를 제공하고 자유롭게 표현할 수 있도록 격려할 때 영아들이 즐거웠던 경험을 표현하며 친구와 함께 하는 놀이가 진행되는 모습을 볼 수 있었다.

놀이를 통한 배움

- **영아**: 놀이하며 스스로 생각한 것을 표현하기를 즐기는 '**탐구자**'
- **교사**: 다양한 놀이를 경험할 수 있도록 돕는 '**협력자**'

• 어린이집 바깥 놀이터로 공3 변화를 통한 소풍 놀이 확장

2. 놀이2 즐거운 여름

놀이환경 구성

아이더워~ 바다로 여행을 가자!

소방관 놀이를 하며 물에 대해 관심을 표현하는 영아들이 물과 관련된 놀이를 경험하며, 더워진 날씨와 비를 감각적으로 느끼고, 여름에 가족과 함께 놀러갔던 바다에 대해 표현하며 여름놀이–바다놀이로 이어지며 놀이를 한다.

새들반 교실 상황

탐색 영역 | 역할영역 | 쌓기영역 | 컴퓨터

교사의 자료지원
여름날씨에 관련한 영아들의 사전경험
언어&책꽂이 : 바다와 여행 관련된 동화책
역할 : 우비,아이스크림모형 ,여름음식모형 ,물놀이용품
탐색 : 여름과일사진판 , 청결탐색판 , 색모래
쌓기 : 바다종이블록 ,스펀지블록 ,길이가 긴 스틱
음률 : 색스카프 , 여행지 사진판 , 씨사운드 드럼
미술 : 셀로판지 ,스탬프 ,물감 ,거울지

음률영역

언어영역 | 휴식영역 | 미술 영역 | 컴퓨터 | 교구장 | 입구

새들반의 모습

놀이매트에서 흥미놀이를 진행하다 영아들의 흥미에 따른 다양한 놀이가 전개될 때 영아들이 놀이를 크게 확장할 수 있도록 탐색영역의 책상을 벽으로 붙여 공간을 넓히거나, 여러 매체를 제공하여 놀이를 도와주었더니, 상황에 따라 유희실과, 바깥 놀이터로 공간의 변화를 주어 놀이가 영아들의 흥미에 맞춰 자유롭게 이루어진다.

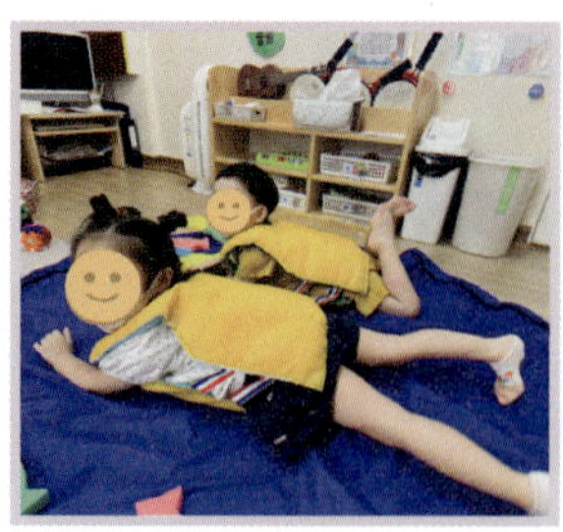

영아들의 흥미와 연계된 관심의 시작

"비가 올 때
우산을 쓰고
가야해요"
관심의 시작

"비를
느껴보아요"
**놀이 자료
탐색 및 제작**

"알록달록
내 우산"
**놀이 자료 제작
및 활용놀이**

"사라락 모래를
탐색해요"
**감각으로 느끼고
표현하는 놀이**

"바다에서 놀이
해요"
**자유롭게
신체표현 하기**

"쓱쓱싹싹
내 몸을 씻어요"
**청결, 일상생활
경험**

"친구와 함께
배를 타고
가자!"
**협동놀이,
공간의 확장**

"처얼썩 파도를
표현해요"
**감각적 경험,
신체표현**

"조물조물 빨래를 해요"

〈감각적으로 경험한 놀이〉

"선생님 옷이 지저분 해지면 깨끗이 빨아야해요." "우리 집에선 세탁기가 옷을 빨아 줘요." "어떻게 하면 옷이 깨끗해질까?"	"빨래놀이 하고 싶어요." "물이 시원해!" "물이 비처럼 떨어지네?" "빨래는 널어놔야 마르는거야." "어디다 널지?"

영아의 관심과 교사의 지원

- **관심**: 일상생활의 경험에서 비롯된 빨래 놀이, 물을 탐색한 놀이, 모형 세탁기, 거품놀이
- **지원**: 빨랫대야, (가정지원)영아가 빨래를 경험한 사진 공간의 이동(바깥 놀이터)

학습공동체 협의

- **고민**: 영아들이 빨래하는 것에 대해 흥미를 느끼는데 어떻게 놀이를 확장시켜줄 수 있을까?
- **협의**: 바깥 놀이터에 대야를 가지고 나가 실제 물을 활용하여 놀이하여 감각으로 경험할 수 있는 기회를 제공해보는 건 어떨까? 줄을 달아주고 빨래를 널어보는 것도 좋을 것 같다.

놀이를 통한 배움

- **영아**: 놀이를 통해 배우는 '**탐구자**'
- **교사**: 동료 교사와 함께 문제를 해결하는 '**공동체 의식**'

• 세탁기모형과 스카프를 함께 제공하여 빨래 하는 모습을 표현

• 빨래통과 다양한 촉감의 스카프를 제공하여 빨래놀이 표현

• 색 거품을 이용한 오감놀이

"비를 느껴보아요"

〈날씨를 통해 나타난 놀이 / 영아가 제작한 자료를 이용한 놀이〉

"우비는 비가 올 때 쓰는거야."
"나는 집에 핑크퐁 우비가 있어."
"비가 오면 우비도 입고 우산도 쓰는거야."
"나는 장화도 집에 있어."
"나는 동그라미 많이 그렸어."

"우비 쓰고 나가게 비가 왔으면 좋겠다."
"진짜 비가 오는 것 같아."
"비가 엄청 많이와요."
"톡톡 떨어져."
"비가와도 옷이 젖지않아."

영아의 관심과 교사의 지원

- **관심**: 교실에서 함께 꾸민 우비, 비오는 풍경
- **지원**: 바깥 놀이터로 장소를 이동하고 호스를 활용하여 물을 뿌려 비가 내리는 환경을 제공, 자연현상에 대한 언어적 지원

학습공동체 협의

- **고민**: 아이들과 비를 어떻게 경험해 볼 수 있을까?
- **협의**: 우비를 입고 놀이하려 하는 모습을 보이는 영아들이 비를 감각적으로 경험할 수 있도록 바깥 놀이터로 자리를 옮겨 비를 느끼며 놀이를 진행하기로 하면 어떨까?

놀이를 통한 배움

- **영아**: 감각으로 경험하며 느끼는 놀이의 '**주체자**'
  내가 만든 놀잇감 내가 발견한 놀이 '**성취감**'
- **교사**: 다양한 방법으로 경험할 수 있도록 제안하는 '**제안자**'

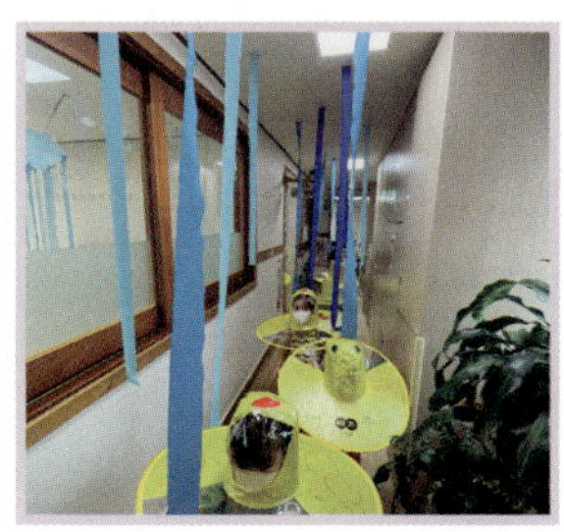

• 영아들과 함께 우비를 꾸며보고, 직접 만든 우비를 활용하여 비내리는 날씨를 느껴봄

"비 구름을 만들어요"

〈영아의 제안으로 시작된 놀이 / 일상용품을 활용한 미술놀이〉

"구름은 솜사탕이야."
"나는 길~게."
"천둥번개가 우르릉 쾅쾅하는 거야."
"비가 오면 구름이 까만색이야."
"우산을 써야 해."
"구름이 많아요."

"길게 할 수 있어."
"쭈욱 찢어져."
"나는 분홍색 구름 만들어볼래."
"구름에서 비가 많이 오면 어떻게 집에 가지?"

영아의 관심과 교사의 지원

- **관심**: 날씨 그림카드, 영아들이 만들어 붙여둔 비
- **지원**: 전지, 구름사진, 영아들이 구름을 보았던 경험, 느낌 표현할 수 있도록 격려하기, 다양한 미술 재료(파스텔,휴지,물감)을 제공, 휴지 탐색하기

교사의 생각

- 영아들이 날씨에 대해 관심을 표현하며 그 중 구름에 대해 표현하는 모습을 보여 구름의 모습을 어떻게 표현할 수 있을지 이야기를 나누다가 영아들과 함께 다양한 미술 재료를 탐색하며 꾸며볼 수 있도록 지원하여 주어 다양한 방법으로 놀이하기를 즐길 수 있도록 도와주었다.

놀이를 통한 배움

- **영아**: 놀이를 통해 표현하는 '**주체자**'
- **교사**: 영아들이 다양하게 표현해 볼 수 있도록 돕는 '**지원자**'

• 핸드타월, 파스텔, 물감, 물, 스펀지를 활용하여 여름 날씨를 표현

"알록달록 나만의 우산"

〈영아의 관심에서 시작된 놀이 / 일상생활 관련놀이〉

"비가 올 때는 우산이 필요해요."
"내 우산은 오리가 그려져 있어."
"여기 내가 만든 우산이 있어요."
"우산이 하늘에 달려있어."
"빙글빙글 돌아가."

"우산을 쓰고 가야지."
"저기 비가 많이 오니까 우산을 쓰러 가자."
"블록으로 우산 만들어볼까?"
"비가 많이 와도 우산을 써서 비를 안 맞아."

영아의 관심과 교사의 지원

- **관심**: 비 교구, 영아가 직접 꾸민 우비, 우비 활동한 사진
- **지원**: 다양한 재료를 활용하여 우산 만들기, 영아들의 비 · 우산과 관련된 경험나누기, 블록을 활용해 우산 만들 때 교사가 모델링하기

교사의 생각

- 비와 우비, 우산에 대한 흥미를 표현하는 영아들이 비가 오는 날씨를 경험할 수 있는 방법을 고민하다가 영아들과 블록으로 우산을 만들어보고, 비를 경험하여 보았다. 미술 재료를 활용하여 우산을 만들고 신체적으로 표현하며 느껴볼 수 있도록 지원하여 주었다.

놀이를 통한 배움

- **영아**: 놀이를 통해 배우는 '**탐구자**'
- **교사**: 영아들의 놀이가 다양한 방향으로 흘러가도록 돕는 '**제안자**'

• 날씨 살펴보기

• 다양한 우산 표현

• 영아들이 표현한 우산모빌놀이

"쓱쓱싹싹 내 몸을 깨끗이 씻어요"

〈영아가 발견한 놀이 / 일상생활과 관련된 표현놀이〉

"놀이터에서 뛰니까 땀이 나요."	"손에 세균 벌레가 많아요."
"엄마랑 집에서 목욕했어."	"아기도 목욕하는 거야."
"비누 거품이 아주 많이 생겼지?"	"따뜻한 물을 받아줄게."
"쏴~ 물을 뿌리자."	"거품이 뽀글뽀글 나는 거야."
"나는 치카치카도 잘해."	"깨끗이 씻어야 해."

영아의 관심과 교사의 지원

- **관심**: 지저분해진 내 몸을 깨끗하게 씻는 것
- **지원**: 물, 거품 사진을 붙인 블록, 샤워볼 등 실물자료, 샤워기 교구, 목욕탕의 사진 손인형 및 세균 그림자료, 「씻을 때 필요해요」 활동판

교사의 생각

- 영아들이 내 몸을 깨끗이 하는 것에 대해 관심을 보일 때 스스로의 경험을 표현해 볼 수 있도록 격려하여 주고, 인형과 실물 자료를 활용한 역할놀이를 통해 긍정적인 경험을 하였다. 영아들이 일상생활속에 자신의 몸을 깨끗하게 하는 것을 지속적으로 경험할 수 있도록 하는 것이 필요하겠다.

놀이를 통한 배움

- **영아**: 내가 발견한 놀이 **'성취감'**
  일상생활에서의 경험을 놀이로 표현해나가는 **'주체자'**
- **교사**: 영아의 지원하고 함께하는 **'협력자'**

• 촉감 티슈 놀이

• 양치 놀이

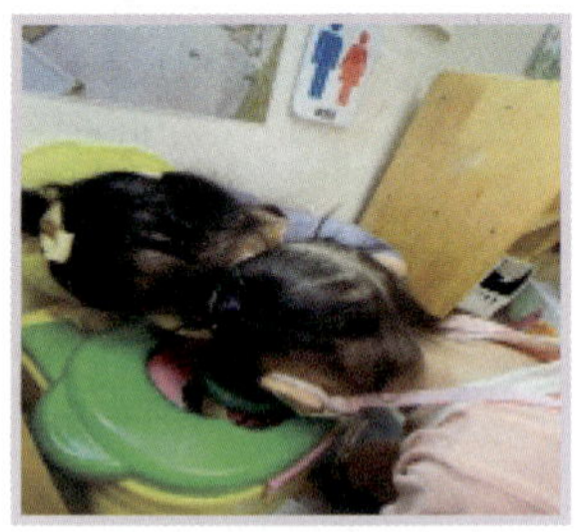

• 배변활동과 연계

"바다에서 놀이해요"

〈영아의 제안으로 시작된 놀이〉

"바다에 다녀왔어?"
"나도 엄마, 아빠랑 바다에 다녀왔어요."
"물속에 들어가기 전에 운동해야 해."
"구명조끼를 입어요."
"우리 집에도 이거 있어요."
"수영장 갈 때 입는 거야."

"어푸어푸 수영해 보자."
"바닷속에는 물고기도 살고 있어."
"바다에 배가 있지."
"배에 물고기들이 많이 탔어."
"모두 빠지지 않게 배에 타요."

영아의 관심과 교사의 지원

- **관심**: 친구들이 바다에 다녀온 사진, 구명조끼
- **지원**: 파란색 놀이매트를 제공, 영아들이 자유롭게 표현할 수 있도록 격려하기, 영아들과 바다에서 볼 수 있는 것 이야기 나누며 놀이하기, 영아의 요구에 민감하게 반응하기

교사의 생각

- 친구들의 사진을 보며 바다에 관심을 표현하는 영아들이 바다를 다양한 방법으로 느껴볼 수 있도록 교구를 제공해 줄 때 영아들이 스스로 친구와 함께 표현하며 놀이할 수 있도록 격려하여 주었다. 영아들의 흥미에 따라 바다생물 도안, 바다생물 역할교구 등을 배치하여 영아들의 놀이가 이어질 수 있도록 하였더니 적극적으로 놀이에 참여하는 모습이 관찰되었다.

놀이를 통한 배움

- **영아**: 나의 생각이나 느낌 자유롭게 표현하는 '**자율성**'
- **교사**: 영아들의 생각과 느낌을 표현할 수 있도록 도와주는 '**조력자**'

• 바다에 다녀온 경험에 대해 이야기 나누어보고, 바다 구성 및 퍼포먼스

"꼬로록 잠수함을 타고 여행을 가요"

〈친구와 함께 하는 놀이 / 재활용품을 활용한 미술활동〉

"잠수함은 물속에 들어가는 거야."
"물속에 아주 많은 물고기가 살아."
"여기봐. 아주 무서운 상어가 있어."
"잠수함을 타고 바다로 가자."

"나도 들어가도 돼?"
"여기 들어오니까 물고기가 아주 많아 보여."
"잠수함을 타보고 싶어."
"내가 잠수함에 들어갔어."

영아의 관심과 교사의 지원

- **관심**: 잠수함 동화책, 바다 생물
- **지원**: 잠수함 그림책, 영아들이 친구와 함께 놀이할 수 있는 방법 제안하기, 영아들이 자유롭게 표현할 수 있는 교구 제공, 영아들의 놀이에 참여하여 놀이가 연결 될 수 있도록 지원

교사의 생각

- 잠수함 동화책을 보며 잠수함에 관심을 가지는 영아들과 잠수함을 어떻게 표현해 볼 수 있을지 고민하다 하나로 동그랗게 연결되어 있는 책의 특성을 활용하였다. 영아들이 안에 들어가 잠수함 놀이를 할 수 있도록 지원하고, 재활용품을 활용하여 미술놀이를 하였더니, 직접 만든 놀잇감을 활용하여 자유롭게 놀이하는 모습을 볼 수 있었다.

놀이를 통한 배움

- **영아**: 놀이를 통해 표현하는 '**주체자**'
  친구에게 관심을 가지고 탐색하며 놀이하는 '**사회성**'
- **교사**: 영아들이 다양하게 표현해 볼 수 있도록 돕는 '**지원자**'

• 잠수함 표현 및 잠수함에서 만날 수 있는 바다생물 낚시 및 잠수함 놀이

"사라락 모래를 탐색해요"

〈영아의 제안으로 시작된 놀이 / 감각으로 느끼는 놀이〉

"바다에는 모래가 있었어요."	"모래는 까끌까끌해요."
"모래를 만져보고 싶어요."	"노랑색 모래랑 초록색 모래야."
"모래에 앉아서 쉬는거야."	"비가 오는 소리 같아."
"모래는 거칠거칠해요."	"흔들어도 소리가 나네?"

영아의 관심과 교사의 지원

- **관심**: 파란색 놀이매트, 색모래
- **지원**: 지퍼백에 담은 색모래, 영아들과 바다-모래에 대한 경험 나누기, 영아들이 감각적으로 경험한 것 표현할 수 있도록 격려하기

학습공동체 협의

- **고민**: 바다에서 나오면 모래가 있는데 모래가 있으면 좋겠다.
- **협의**: 바다 모래를 경험할 수 있도록 교실에서는 색모래를 제공하고 바깥 놀이터에서는 모래 놀이터를 제공하면 어떨까? 교실에 있는 바다를 바깥으로 옮기면 어떨까?

놀이를 통한 배움

- **영아**: 놀이를 통해 배우는 '**탐구자**'
- **교사**: 영아들의 생각과 느낌을 표현할 수 있도록 도와주는 '**조력자**'

• 색모래를 제공하여, 감각적으로 색모래를 탐색하며 놀이하기

"친구와 함께 배를 타고 가자"

〈친구와 함께한 협동놀이 / 역할놀이〉

"내가 블록을 길게 연결해 볼게."
"나도 같이 도와줄게."
"너무 높으면 넘어져."
"배에서 미끄럼틀을 타고 바다로 내려가는 거야."
"배에서 낚시도 해볼까?"

"배는 어떻게 움직이지?"
"길쭉한 막대가 있네?"
"나랑 같이 배 타보자."
"배가 어디까지 갈까?"
"배가 멀리가려면 노가 필요해."

영아의 관심과 교사의 지원

- **관심**: 다양한 모습에 배 표현하기, 배를 타고 나가고 싶은 곳
- **지원**: 파란색 비닐을 활용한 바다 환경, 배를 만들 수 있는 다양한 매체(놀이매트, 우레탄 블록, 막대 등) 제공 및 자유롭게 표현할 수 있는 넓은 공간 제공

교사의 생각

- 바다와 배에 대한 흥미를 보이는 영아들과 배를 어떻게 표현할 수 있을지 이야기를 나누어 보았다. 더욱 자유롭게 표현해 볼 수 있도록 환경적 지원과 함께 다양한 매체를 활용하여 만들 수 있도록 지원하여 주었더니 배를 만들고 친구와 함께 놀이하는 모습을 볼 수 있었다.

놀이를 통한 배움

- **영아**: 놀이를 통해 배우는 **'탐구자'**
- **교사**: 영아의 경험과 놀이를 위해 끊임없이 연구하고 노력하는 **'책무성'**

• 배에 대한 관심을 갖고 놀이매트로 배를 표현

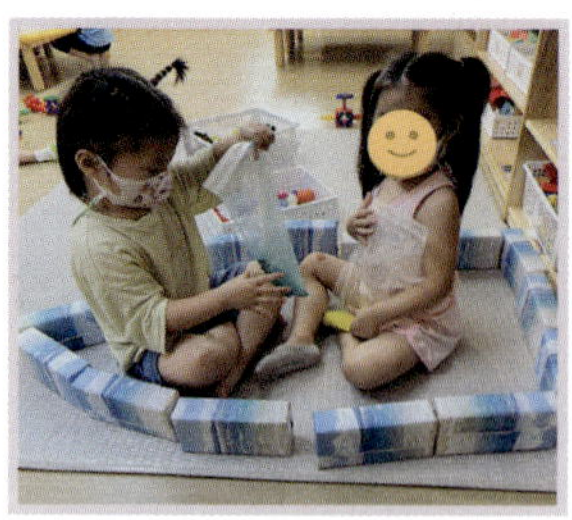

• 바다종이 벽돌블록으로 친구와 함께 배를 표현

• 와플블록으로 다함께 탈 수 있는 배 표현

"처얼썩~ 파도를 표현해요"

〈영아의 제안으로 시작된 놀이〉

"파도 소리는 어떻게 나요?"	"정말 물 속에 들어와 있는 것 같아."
"파도 소리를 들어보고 싶어요."	"물이 아주 많이 있는거야."
"물이 들어왔다가 나가."	"이렇게 흔들면 어때?"
"이거 입고 해보자~"	"시원한 바람도 불거같아."

영아의 관심과 교사의 지원

- **관심**: 바다의 물이 움직이는 것, 파도에 대한 관심, 파도 소리
- **지원**: 영상자료를 활용한 파도의 소리와 모습 탐색할 수 있도록 지원, 파란 천을 교구장에 붙여 제공, 영아들이 놀이에 관심을 가질 수 있도록 교사가 놀이에 참여하여 함께 놀이하며 격려하기

교사의 생각

- 파도에 대해 흥미를 느끼는 영아들이 파도를 감각적으로 경험할 수 있는 방법을 고민하다가 영아들과 파도가 움직이는 영상과 소리를 함께 들어보고 신체표현과 함께 낙하산를 활용하여 파도의 모습을 표현해 볼 수 있었다.

놀이를 통한 배움

- **영아**: 놀이로 표현하기를 즐기는 놀이의 '**주체자**'
  내가 발견한 놀이 '**성취감**'
- **교사**: 영아들의 생각과 느낌을 표현할 수 있도록 도와주는 '**조력자**'

• 파도 소리 및 영상을 감상 및 파도 표현

• 우레탄 블록으로 파도를 지나는 배 표현

• 낙하산를 활용하여 철썩이는 파도 표현

새들반 놀이 흐름

한 눈으로 보는 **2학기 놀이과정**

9월

우리가족 & 가을이 찾아왔어요

우리가족이 사용하는 물건
나뭇잎 색깔이 변했어

10월

가을 & 알록 달록 색깔

나뭇잎 고슴도치
가을 열매 찾기

11월

어떤 모양일까 & 다양한 집

과자집 놀이해요
아기 돼지 삼 형제

12월

겨울을 느껴요

겨울 물건을 입고 놀아요
겨울 음식을 찾아요

1월

나는 친구가 있어요

내가 좋아하는 친구
친구와 함께 놀이해요

2월

형님이 되었어요

우리는 이제 다섯살
즐거운 우리 반

3. 놀이3 가을을 느껴요.

놀이환경 구성

나뭇잎이에요~

가을의 어느 날 바깥 놀이를 즐기던 새들반이 가을풍경과 자연물에 관심을 보이며 놀이가 시작된다.

새들반 교실 상황

탐색영역 | 쌓기영역 | 역할영역 | 컴퓨터

교사의 자료지원

바깥 놀이를 통한 가을 경험 하기
언어&책꽂이 : 가을&자연과 관련된 그림책
역할 : 가을열매 모형, 가을동물 머리띠, 가을 모자
쌓기 : 가을열매 종이컵, 낙엽벽돌 블록, 가을꽃 S블록
탐색 : 가을곤충도감, 밤, 솔방울, 색깔 돋보기, 가을색깔탐색판
음률 : 곡식 마라카스, 여러가지 색깔의 낙엽, 색스카프
미술 : 다양한 낙엽도안, 습자지, 가위, 풀, 사인펜

언어영역 | 음률영역 | 입구

휴식 영역 | 미술 영역 | 컴퓨터

새들반의 모습

변화한 계절의 날씨 및 특성에 관심을 보이는 영아들과 교실에서의 놀이뿐만 아니라 주변의 놀이터, 공원 등 놀이 공간의 확장을 통해 다양한 자연물의 형태 및 색깔 등 영아들의 흥미에 맞춰 놀이가 자유롭게 이어진다.

영아들의 흥미와 연계된 관심의 시작

"나뭇잎이에요~"
관심의 시작

가을 꽃
물감놀이
교구를 활용한 놀이

가을 악기를
연주해요
그림책으로부터 시작된 놀이

낙엽방석
감각 신체활동 놀이

여러 가지
가을 열매
자연물 탐색 및 비구조적 놀이

가을 색깔을
찾아요
자연과 함께한 놀이

"가을꽃 물감놀이"

〈관찰, 탐색하며 경험하는 놀이〉

"분홍색 꽃이 피었어요."
"꽃에서 냄새가 나면 좋을 것 같아요~"
"노랑색 물감을 찍어볼까?"

"이 꽃은 내가 집에 가져간 꽃이랑 비슷한 것 같아요~"
"검정 종이에 색깔이 잘 보일까?"
"꽃밭에 온 것 같아요~"

영아의 관심과 교사의 지원

- **관심**: 가을 사진과 가을꽃 교구에 대한 흥미를 보이며 놀이가 시작
- **지원**: 가을에 볼 수 있는 꽃 카드, 팔레트, 조화 꽃, 아크릴 물감 교실에 영아가 표현한 작품 게시

학습공동체 협의

- **생각**: 가을 자연물에 관심을 가지는 영아들에게 어떤 활동을 하면 좋을까?
- **협의**: 가을에 볼 수 있는 꽃과 자연물에 관심을 보이는 영아들과 자연물을 활용하여 놀이하며 자연물 그대로의 모습을 탐색하는 것도 좋을 것 같다.

놀이를 통한 배움

- **영아**: 일상에 다양한 자연을 탐색해 나가는 **'탐구자'**
- **교사**: 놀이가 확장될 수 있도록 돕는 **'지원자'**

• 조화 꽃과 아크릴 물감을 활용하여 자유롭게 표현해보기

"가을 악기를 연주해요"

〈영아가 제안한 놀이〉

"여기 단풍잎이 있잖아~?"
"나뭇잎을 콩 두드리니까 소리나요."
"나뭇잎을 여기다 붙여볼래~"
"초콜릿 같아요."

"하루종일 우뚝 서있는 성난 허수아비 아저씨~"
"노래랑 같이 맞춰서 해보자~"
"나랑 같이 두드려보자~"

영아의 관심과 교사의 지원

- **관심**: 그림책에서 본 허수아비와 가을 황금 밭 가을 곡식에 대해 관심을 가짐
- **지원**: 다양한 가을 곡식에 대해 알아볼 수 있도록 언어영역에 곡식카드 지원 및 가을 곡식 마라카스와 가을악기를 제공

교사의 생각

- 그림책을 감상하며 가을의 곡식에 대해 관심을 가지는 모습을 관찰하고, 가을 곡식뿐만 아니라 가을에 볼 수 있는 열매와 과일에 대해 접할 수 있도록 도와줄 수 있었다.

놀이를 통한 배움

- **영아**: 일상의 다양한 자연을 탐색해 나가는 **'탐구자'**
- **교사**: 놀이는 호기심과 확장을 더해주는 **'연계자'**

• 음률영역에서 다양한 가을 곡식 마라카스와 가을악기를 연주하기

"여러 가지 가을 열매"

〈영아가 발견한 놀이 / 자연과 함께한 놀이〉

"동글동글 도토리인가?"	"나는 커다란 동그라미를 만들 거야."
"솔방울이에요~!"	"나랑 같이 컵에 담아보자."
"솔방울을 길처럼 길게 놓아보는 거야~"	"하나, 둘, 셋, 넷, 다섯 개야~"
"밤 같기도 해요."	"떼굴떼굴 떼굴떼굴 도토리가 어디로 갔나?"

영아의 관심과 교사의 지원

- **관심**: 탐색영역의 솔방울, 밤, 대추, 감 등 가을 열매
- **지원**: 가을 열매의 실물, 오감놀이 제안하기

학습공동체 협의

- **고민**: 가을 열매에 관심을 보이는 영아들과 즐길 수 있는 자유롭게 놀이할 수 있는 방법이 있을까?
- **협의**: 영아들이 다양한 가을 열매에 대해 직접 알고, 신체활동 놀이나 오감놀이로 탐색하는 놀이를 계획하여 느껴보는 건 어떨까?

놀이를 통한 배움

- **영아**: 놀이를 통해 즐거운 '**주체자**'
- **교사**: 영아들이 자유롭게 표현할 수 있도록 돕는 '**지원자**'

• 라이트판 열매탐색

• 대추 오감놀이

• 밤줍기 & 탐색놀이

"낙엽방석"

〈신체활동 및 탐색놀이〉

"삐약삐약 소리야."	"종이 느낌이 나요."
"나뭇잎이에요~"	"느낌이 너무 좋아요!"
"선생님! 여기서 소리가 나요!"	"많이많이 모았어요."
"방구 소리같아~!!"	"다 노랑색이에요~"
"엄마는 분홍색 꽃이 좋데."	"같이 뿌려볼까?"

영아의 관심과 교사의 지원

- **관심**: 낙엽, 삑삑이, 스타핑지 놀이
- **지원**: 신체활동을 자유롭게 할 수 있는 공간 마련, 소리나는 낙엽방석 만들기 제안하기

학습공동체 협의

- **고민**: 영아들이 자연물에 대한 흥미를 보여 가을 자연물로 신체놀이를 시도해 보고 싶은데 어떤 방법이 있을까?
- **협의**: 실외에서 자연물과 관련된 활동을 즐겨보고, 교실에서 낙엽 소리와 비슷한 소리를 내는 스타핑지를 활용하여 소리를 느껴보며 신체활동을 즐겨보는 건 어떨까?

놀이를 통한 배움

- **영아**: 놀이를 통해 즐거운 '**주체자**'
- **교사**: 여러 가지 놀이를 지원하는 '**조력자**'

• 스타핑지를 활용한 신체활동놀이 및 소리나는 낙엽방석 체험하기

"가을 색깔을 찾아요"

〈자연과 함께 한 놀이 / 영아가 제안한 놀이〉

"빨간 사과가 두 개야." "나 엄마랑 밤 먹어봤어요~" "감은 주황색이에요." "나뭇잎 색깔이 많아졌어요~"	"친구가 빨간색이 필요하데. 내가 나눠줘야지." "밤 안에 작은 애벌레가 있었어~" "이건 어떤 모양일까?" "이렇게 하는거야~"

영아의 관심과 교사의 지원

- **관심**: 다양한 자연물, 가을 색깔판(탐색판)
- **지원**: 자연물 옷 입히기판, 가을 색깔판, 바깥 풍경에 대해 언어 표현하기

교사의 생각

- 바깥 놀이터에서 바깥 놀이를 즐기던 중 영아들이 자연물과 자연물의 색깔에 관심을 보이는 영아들과 함께 가을에 즐길 수 있는 색깔들을 자연물과 열매들을 통해 직접 찾아볼 수 있었다.

놀이를 통한 배움

- **영아**: 감각으로 경험하는 '**탐구자**'
- **교사**: 다양한 놀이를 경험할 수 있도록 돕는 '**협력자**'

• 자연물 옷 입히기

• 가을 색깔판 구성하기

4. 놀이4 여러가지 모양과 다양한 집

놀이환경 구성

어떤 집을 만들어볼까?

나뭇잎의 색과 모양에 대해 관심을 표현하며 놀이하던 새들반이 집모양에 대한 흥미가 이어지며 집에 대한 놀이가 시작된다.

새들반 교실 상황

탐색영역 | 쌓기영역 | 역할영역 | 컴퓨터

교사의 자료지원

언어&책꽂이 : 집과 관련된 동화책
집 사진자료, 집 사진카드, 집과 관련된 동시판
역할 : 상자집 3개,아기돼지 삼형제 머리띠
쌓기 : 종이벽돌블록 ,스펀지블록 ,집블록 ,카프라블록
탐색 : 영아가 주워온 낙엽과 갈대,모양막대판,과자집블록
음률 : 실로폰,북, 마라카스,겨울풍경 발자국
미술 : 가위,풀,목공풀 ,스팡클,박스판 면봉

언어영역 | 음률영역 | 입구

휴식 영역 | 미술 영역 | 컴퓨터

새들반의 모습

모양에 관심을 갖는 영아들과 색깔과 모양을 연계하여 놀이하며 친근하고, 구체적인 모양부터 접근하며 놀이를 확장할 수 있도록 하였다. 모양 놀이 도중 '집 모양'에 관심을 갖는 영아들과 다양한 모습의 집모양을 표현해 보았다.

영아들의 흥미와 연계된 관심의 시작

"나뭇잎도 모양이 모두 달라"
관심의 시작

블록으로 모양을 표현해요
영아가 발견한 놀이

우리반에는 어떤 모양이 있을까?
영아가 발견한 놀이

아기 돼지 삼 형제
가정지원 물품과 연계한 놀이

내 마음대로 모양
영아의 관심으로부터 시작된 놀이

색깔 모양칩 놀이
탐색 및 감각놀이

우리가 표현하는 집
영아의 관심에서 시작된 놀이

과자집 놀이해요
오감으로 느끼는 놀이

"블록으로 모양을 표현해요"

〈영아가 발견한 놀이〉

"이건 선생님이 좋아하는 하트야."	"이걸로 하트를 어떻게 만들지?"
"블록으로 네모 만들었어요~"	"하트 두 개나 만들었지~"
"이거는 집 모양이에요~"	"이 집은 엄마랑 언니랑 사는 집이에요~"
"네모난 기차로 더 긴 기차를 만들어보자."	"동그라미 모양블록이에요~!!"

영아의 관심과 교사의 지원

- **관심**: 모양블록, 자석블록, 여러 가지 모양, 색깔 모양 돋보기
- **지원**: 색깔과 모양 연계 및 다양한 방법으로 모양 자유롭게 표현하기

학습공동체 협의

- **고민**: 영아들이 색깔에 이어 모양에 관심을 가지는데 모양놀이를 어떻게 지원하면 좋을까?
- **협의**: 여러 가지 모양을 제시하고, 영아들이 좋아하는 모양을 자유롭게 표현하도록 돕고, 구체적 모형을 함께 제시하면 좋을 것 같다.

놀이를 통한 배움

- **영아**: 놀이를 하며 스스로 생각한 것을 표현하기를 즐기는 **'탐구자'**
- **교사**: 영아 수준에 맞게 놀이를 계획하고 실행하는 **'전문성'**

• 자석블록 탐색 및 좋아하는 모양 표현하기

"우리반에는 어떤 모양이 있을까?"

〈영아의 경험과 연계된 놀이 / 영아가 발견한 놀이〉

"세모 돋보기네?"	"친구들 사진도 네모에 들어있잖아~"
"창문이 네모야~"	"밥그릇도 동그라미에요~"
"시계가 동그라미야~"	"저기 세모도 있어요~"
"기차를 타고 갈거야."	"나는 하트가 제일 좋아~"

영아의 관심과 교사의 지원

- **관심**: 모양 돋보기, 교실 사물
- **지원**: 우리가 표현할 수 있는 모양과 교실에서 살펴볼 수 있는 여러 가지 모양을 찾아볼 수 있도록 제안 및 도움

교사의 생각

- 영아들에게 친근한 곳인 어린이집 그리고 새들반 교실에서부터 볼 수 있는 모양들을 제공하여 모양에 대해 알아볼 수 있도록 돕고, 좋아하는 모양, 표현하고 싶은 모양에 대해 이야기를 나눌 수 있었다.

놀이를 통한 배움

- **영아**: 놀이를 하며 스스로 생각한 것을 표현하기를 즐기는 '**탐구자**'
- **교사**: 영아가 발견한 놀이를 인정하는 '**수용성**'

• 라이트판 열매 탐색

• 우리반 모양그래프

• 모양돋보기 놀이

"색깔 모양칩 놀이"

〈감각적으로 경험한 놀이〉

"반짝반짝 불이 들어와!"	"빨간색 하트가 필요한데?"
"나는 집 만들거야."	"이 모양이 제일 예뻐요."
"여기 하트가 제일 많아~"	"동그라미 세모 네모에요~"
"무지개 색깔 완성!"	"동글동글 동그라미~"

영아의 관심과 교사의 지원

- **관심**: 모양블록, 모양돋보기, 색깔칩
- **지원**: 라이트판, 그림 도안

학습공동체 협의

- **고민**: 단순한 모양놀이가 확장되려면 어떤 놀이 방법이 있을까?
- **협의**: 영아들에게 친숙한 모양을 모양칩같은 교구를 활용해 모양이 모여 다른 모양이 될 수 있다는 걸 알려주면 더 흥미를 느끼며 놀이할 수 있을 것 같다.

놀이를 통한 배움

- **영아**: 놀이를 통해 배우는 '**탐구자**'
- **교사**: 영아의 놀이를 확장하기 위해 노력하는 '**지원자**'

• 모양이 모이면
어떤 모양이 될까?

• 가을 색깔판 구성하기

"내 마음대로 모양"

〈영아의 관심으로 시작된 놀이〉

"우와 별 모양이다!"
"선생님이랑 같이 그릴래요~"
"길을 만들어볼까?"
"꽃도 색칠해 볼래요~"
"이거는 나예요."
"어디가? 나도 같이 가야지~"
"이거는 집 모양인가봐?"
"선생님 이건 성이에요."
"나는 하트 못그리겠어요~"

영아의 관심과 교사의 지원

- **관심**: 교사가 놀이터 바닥에 분필로 그려둔 모양 그림
- **지원**: 영아들이 스스로 그려볼 수 있도록 격려하기, 모델링 하기, 분필

교사의 생각

- 영아들이 놀이를 통해 자연스럽게 모양을 표현해 놀이할 수 있는 방법은 무엇이 있을까?
- 모양의 특징을 자연스럽게 느껴보기 위해 어떤 매개체를 사용하면 좋을까 고민하다가 평소 끼적거리기를 하던 곳과 다른 놀이터 바닥, 분필을 활용하였더니 더 즐겁게 참여하는 모습이었다.

놀이를 통한 배움

- **영아**: 감각으로 경험하며 느끼는 놀이의 '**주체자**'
  내가 만든 놀잇감 내가 발견한 놀이 '**성취감**'
- **교사**: 다양한 방법으로 경험할 수 있도록 제안하는 '**제안자**'

• 바깥 놀이터에서 분필을 활용하여 자유롭게 모양 표현하기

"아기 돼지 삼 형제"

〈그림책으로부터 시작된 놀이 / 가정지원물품과 연계한 놀이〉

"첫번째 돼지가 집을 짓는대!"	"무너지지 않는 집을 지어보자!"
"이건 벽돌집이야~"	"우리도 집을 지어볼까?"
"늑대가 찾아와도 튼튼한거야!"	"늑대가 나타나 후~~~"
"아기 돼지네 집이에요~"	"우리 집에는 들어오면 안 돼!"

영아의 관심과 교사의 지원

- **관심**: 『아기 돼지 삼 형제』 동화, 동요, 역할 머리띠
- **지원**: 동요를 함께 불러보기, 영아들의 행동 읽어주기, 책상의 위치 등 교실 배치 변경

교사의 생각

- 영아들은 모양으로 놀이하다 집 모양에 대한 흥미가 생기며 놀이가 시작되었다. 집에 대한 놀이에 대해 협의할 때 아이들에게 익숙한 『아기 돼지 삼 형제』 그림동화를 함께 읽어보고, 역할 머리띠와 상자로 만든 집을 제공해 주어 놀이가 이어질 수 있도록 하였다.

놀이를 통한 배움

- **영아**: 놀이를 통해 표현하는 **'주체자'**
- **교사**: 영아들이 다양하게 표현해 볼 수 있도록 돕는 **'지원자'**

• 아기 돼지 삼 형제 역할극 놀이

"우리가 표현하는 집"

〈영아의 관심에서 시작된 놀이 / 영아가 제안한 놀이〉

"종이컵으로 집 쌓아볼래요."	"더 큰 집 만들어볼래요."
"창문이 있고 문은 분홍색이에요."	"우리가 같이 만들면 더 커지겠다."
"무지개 색깔 집 만들어볼래요."	"우리 같이 들어가볼까?"
"책이 아주 많이 필요해."	"이번에는 아기집을 만들어보자."
"여기가 아주 커다랗게 열렸어요."	

영아의 관심과 교사의 지원

- **관심**: 여러가지 집 카드, 동화책, 종이컵, 꾸미기 재료
- **지원**: 더 많은 양의 종이컵과 동화책, 각설탕 등 다양한 재료

교사의 생각

- 집에 대한 흥미가 이어지는 영아들이 집을 탐색할 수 있는 방법에 대해 고민하였다. 다양한 재료를 활용해 집을 만들어보면 좋겠다는 생각이 들어 영아 주변에 익숙한 재료를 활용해 집을 만들어볼 수 있도록 격려하였더니 놀이에 몰입하는 모습을 볼 수 있었다.

놀이를 통한 배움

- **영아**: 놀이를 통해 배우는 '**탐구자**'
- **교사**: 영아들의 놀이가 다양한 방향으로 흘러가도록 돕는 '**제안자**'

• 상자 집 꾸미기

• 책으로 집 표현하기

• 종이컵으로 집 표현하기

"과자집을 만들어요"

〈오감으로 느끼는 감각놀이〉

"달콤한 냄새가 나요." "짜잔~벽돌집 완성!" "과자가 딱딱해요." "이것 봐. 엄청 높이 쌓았어!"	"초콜릿 창문이에요." "너무 맛있어요!" "네모 과자로 집을 만들고 초코과자를 올려줬어요~" "이거 내가 만든 과자집이다!"

영아의 관심과 교사의 지원

- **관심**: 탐색영역에 제공한 과자 집, 자석 과자 블록
- **지원**: 영아 얼굴 사진모형, 재활용품, 여러 가지 과자, 목공풀

학습공동체 협의

- **고민**: 영아들이 과자집에 관심을 갖게 되어 함께 과자집을 만들고 싶은데 어떻게 표현해 보는 것이 좋을까?
- **협의**: 아이들이 좋아하는 과자로 오감놀이를 즐겨본 후에 집의 형태가 될 수 있는 모양과 함께 제공해서 과자집을 표현해 보는 건 어떨까?

놀이를 통한 배움

- **영아**: 내가 발견한 놀이 **'성취감'**
  일상생활에서의 경험을 놀이로 표현해나가는 **'주체자'**
- **교사**: 영아의 지원하고 함께하는 **'협력자'**

• 과자 오감놀이

• 과자집 만들기

• 막대과자 놀이

5. 놀이지원을 위한 가정연계

가정과의 협력사항

- 매주 놀이 Story 배부를 통한 영아흥미 놀이 진행에 따른 소통
- 키즈노트 앨범을 통해 영아들의 사진 공유
- 안내를 통한 놀잇감, 놀이소품, 재활용품, 그림책 지원 받기
- 가정에서의 주말지낸 이야기 및 놀이가 연계된 사진 업로드
- 가정에서의 일상생활 경험으로부터 시작된 놀이
- 원에서의 놀이활동과 연계 및 확장 놀이 제안

가정연계를 통한 놀이 전개

- 봄꽃, 곤충, 가을, 모양과 집에 대한 영아의 흥미가 확장되어 관련 그림책 지원
- 원에서의 흥미가 가정으로 이어져 가정에서 놀이가 이어진 사진을 공유 받아 주말지낸 이야기
- 책 및 탐색영역 사진판에 게시하여 함께 이야기 나누며 소풍, 가을, 모양, 집 놀이 확장
- 영아가 관심을 가진 자연물 지원받아 탐색영역에서 관찰 및 관심의 시작
- 가정에서의 재활용품(휴지심, 페트병, 병뚜껑, 박스 등)을 지원받아 미술영역에 제공 및 놀이 소품 제작

가정연계의 효과

- 영아 중심의 놀이를 통해 영아의 관심과 흥미 공유
- 원에서의 놀이를 통한 영아의 발달상황 공유 및 지원
- 가정과의 연계를 통해 이루어지는 바른 기본생활습관
- 가정과의 연계를 통해 놀이 관심의 시작 및 놀이확장

- 가정에서 지원받은 그림책 살펴보기

- 가정에서 지원받은 사진으로 관심 시작

- 가정에서 지원받은 물품으로 놀이하기

- 원에서의 흥미가 가정으로 이어짐

Ⅲ. 유아 놀이중심
만 3세반

꽃들반 놀이 흐름

한 눈으로 보는 1학기 놀이과정

3월 내가 좋아하는 놀이

테이프 & 곤충놀이
색으로 표현하는 기분

4월 봄나들이

봄에 볼 수 있는 꽃과 나무
봄 꽃을 좋아하는 나비

5월 바쁜 바퀴들

데구르르 바퀴 놀이
레일 위를 다니는 기차

6월 교통기관 놀이는 즐거워!

둥둥 배를 띄워보아요
비행기를 타고 여행을 가요

7월 와~ 여름이다!

고기를 잡으러 바다로 갈까요
여름여름 즐거운 여름

8월 즐거운 여름

구름으로 놀이해요
먹구름, 천둥과 번개

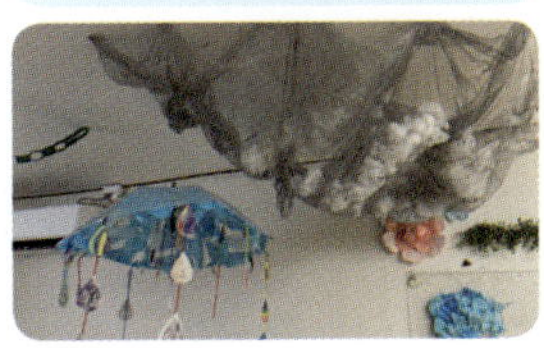

1. 놀이1 교통기관 놀이

놀이환경 구성

데구르르 바퀴 놀이

교실에 있는 블록 중 와플 블록의 동그란 블록을 바닥에 굴리자 바퀴처럼 굴러가는 모습을 발견한 유아들이 바퀴에 관심을 가지게 되고 이러한 관심이 교통기관을 주제로 한 놀이로 흐름이 이어지기 시작한다.

꽃들반 교실 상황

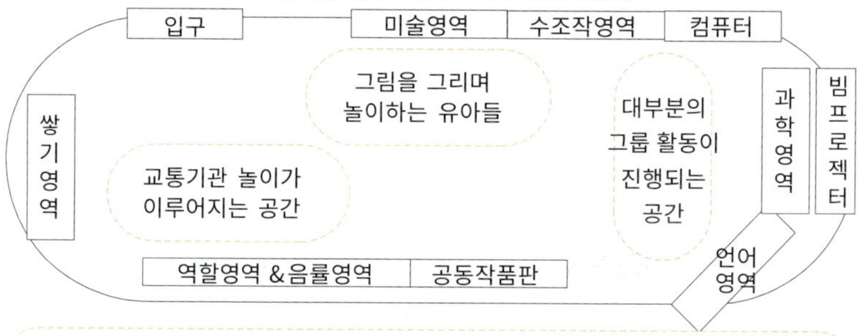

교사의 자료지원

*언어: 교통기관 그림책(가정지원&사전경험), 교통기관 그림카드, 칠판
*쌓기&역할: 다양한 블록, 바퀴/교통기관 사진, 도로벽돌/하늘벽돌블록, 교통기관을 놀이로 표현할 수 있는 공간과 소품, 가정지원 공항놀이소품
*과학&음률: 물을 담을 수 있는 바구니, 핸드벨, 신호악기
*미술: 색종이, 시트지, 테이프, OHP필름, 자연물, 유아가 필요로 하는 재료

꽃들반의 모습

블록으로 만든 바퀴 굴리기 시합을 하며 자동차와 같은 육상교통기관과 해상교통기관, 항공교통기관에 대해 관심이 이어지고 가정에서 지원받은 물품으로 놀이가 확장되어 진행된다. 재활용품과 다양한 놀잇감, 책상, 바닥, 교실 천장에서 교통기관 놀이의 연계 및 확장된 놀이를 즐기게 된다.

유아들의 흥미와 연계된 관심의 시작

"데구르르
바퀴 놀이"

"뛰뛰빵빵
자동차놀이"
**재활용품으로
만든 자동차**

"레일 위를
다니는 기차"
**공간 확장의
시작**

"비행기를 타고
여행을 가요"
**즐거운 비행기
놀이**

"하늘을 다니는
교통기관"
**항공교통기관
놀이**

"둥둥 배를
띄워보아요"
**다양한 재료에
대한 이해**

"비행기를 타고
바다 여행을
떠나자"

"데구르르 바퀴놀이"

〈유아의 흥미와 제안으로 시작된 놀이〉

"와플블록으로 바퀴 만들었어!"
"나도 만들어볼래. 어떻게 만들어?"
"동그란 와플블록 두 개 찾아서 네모난 거 가운데에 끼우면 돼."
"나는 자석 블록으로 바퀴 만들었어."

"우리 누구 바퀴가 더 빠른지 바퀴 시합 해보자!"
"그럼 바퀴 출발선이 필요하니까 테이프로 선을 만들자."
"준비~ 시~작!"

유아의 관심과 교사의 지원

- **관심**: 블록으로 만든 바퀴, 바퀴 시합
- **지원**: 『바쁜바퀴들』 동화 읽으며 바퀴 종류에 대해 알아보기, 바퀴 사전경험 이야기 나누기, 다양한 블록 제시하여 바퀴 만들어보기, 바퀴 스펀지로 바퀴 도장찍기, 바퀴 달린 놀잇감으로 바퀴 길 탐색하기, 다양한 바퀴 사진 & 종류

학습공동체 협의

- **고민**: 단순히 바퀴를 굴리며 놀이하는 유아들에게 바퀴 놀이를 시작으로 다양한 놀이를 연계하고 확장하면서 놀이 속에 배움을 얻게 하고 싶다.
- **협의**: 유아들의 놀이를 관찰하면서 놀이에 필요로 하는 재료들을 즉각 지원해주고, 유아가 발견한 놀이를 시작으로 연계하고 확장해 나가는 놀이의 흐름을 진행해보는 것은 어떨까? 점차 교통기관으로 놀이를 확장하며 놀이 속 배움을 이끌어 나가는 것도 좋을 것 같다.

놀이를 통한 배움

- **유아**: 경험을 상상으로, 상상을 놀이로 표현하기 **'창의성'**
- **교사**: 유아들의 사전경험으로 진행되는 놀이 모습을 관찰하며 **'지지해주기'**

• 테이프로 바퀴 출발선을 만들고 블록으로 나만의 바퀴 만들어 바퀴 시합하기

"뛰뛰빵빵 자동차놀이"

〈다양한 공간에서 펼친 놀이 / 재활용품으로 창의성을 발휘한 놀이〉

"우리 책상에 테이프 길 만들어볼까?"
"선생님 도로 사진 뽑아주세요. 그거 보고 만들어볼래요."
"차가 다니는 길이랑 주차장 만들어야지."
"트럭이 간다 슝~"
"자동차도 간다 슝~"

"집에서 재활용품 가지고 왔는데 이걸로 소방차 만들어야지."
"소방차는 빨간색이니까 빨간색 색종이 붙여야지."
"병뚜껑으로 바퀴 만들거야."

유아의 관심과 교사의 지원

- **관심**: 자동차의 종류, 도로, 주차장
- **지원**: 색테이프, 재활용품, 책상의 활용

교사의 생각

- **고민**: 유아-유아 간의 상호작용은 잘 관찰되긴 하지만 교사의 개입 없이는 놀이가 잘 이루어지지 않는데 교사가 너무 많이 개입을 하는 게 아닌지 고민이 된다.
- **협의**: 유아들의 놀이를 관찰하며 무조건적인 상호작용을 하기보다는 유아가 흥미를 보이며 관심 있어 하고 궁금해하는 것에 대해 적절하게 상호작용을 해 주는 방법은 어떨까?

놀이를 통한 배움

- **유아**: 친구와 함께 소통하며 놀이하는 즐거움 **'또래 친구와의 상호작용'**
- **교사**: 놀이 활성화를 위해 유아의 요구사항에 민감한 반응하는 **'지원자'**

• 색 테이프로 자동차 길 표현하고 육상교통기관 놀이

• 재활용품으로 자동차 만들기

"레일 위를 다니는 기차"

〈사전경험을 토대로 이루어지는 놀이 / 다양한 공간에서 이루어지는 놀이〉

"우와 여기 기찻길이다!" "우리 아빠 전철 타고 회사에 가는데…" "나도 저번에 엄마랑 전철타고 아빠 회사에 놀러가봤어." "나는 전철타고 동물원 가봤어."	"칙칙폭폭 땡!" "기차 도안 뽑아서 우리 여기 판 꾸며주는거 어때요?" "나는 진짜 탈 수 있는 기차 만들고 싶은데…"

유아의 관심과 교사의 지원

- **관심**: 기차가 다니는 레일, 기차 의성어, 기차 도안 색칠하기, 기차 만들기
- **지원**: 교통기관 그림 도안, 유아들이 색칠한 도안을 붙일 수 있는 환경판 꾸미기, 기찻길 사진, 기찻길 만들 수 있도록 이야기 나누기, 기차를 만들기 위한 상자와 다양한 꾸미기 재료 지원, 교실-복도-유희실로의 공간 확장

교사의 생각

- 교실에서 벗어나 복도와 유희실에서 놀이를 이어나갈 때 혹여나 안전사고의 위험이 걱정 되었다. 다른 공간에서 놀이를 할 때 함께 지켜야 하는 약속과 규칙에 대해 이야기를 나눈 후 유아의 주도로 복도에 기찻길을 구성하고 유희실까지 공간을 확장하며 놀이 속에 푹 빠져 안전하게 놀이하는 모습을 보였다.

놀이를 통한 배움

- **유아**: 놀이에 몰입하며 상상하고 자유롭게 표현하는 '**창의성**'
- **교사**: 놀잇감과 공간에 대해 고민하고 변화시키는 '**환경 제공자**'

• 기차로 공동작품 표현

• 상자로 기차를 만들어 기차놀이 하기

"둥둥 배를 띄워보아요"

〈놀이 속 배움이 일어난 놀이〉

"물 위를 다니는 교통기관은 무엇이 있을까?"
"배랑 잠수함!"
"나! 배 색종이로 접을 수 있는데!"
"내가 접는거 따라해봐~"

"우리 배가 진짜 물에 뜨는지 해보자!"
"우리 큰 바구니에 물 떠올게요."
"하나둘셋 하면 배 넣어보자."
"어? 색종이가 다 젖잖아."
"어떻게 하지?"

유아의 관심과 교사의 지원

- **관심:** 배 종이 접기 (색종이, 테이프, 시트지, OHP 필름)
- **지원:** 해상교통기관 그림자료, 배 종이접기 순서도, 배 띄우기 실험을 위한 공간 마련, 물에 젖지 않는 재료 지원(테이프, 시트지, OHP 필름), 배 실험에 함께 하며 어려운 부분에 대해 이야기 나누고 지원하며 함께 해결해 나가기

교사의 생각

- 색종이를 접어 배를 띄워보다가 색종이가 젖어서 어떻게 하면 좋을지 고민하는 유아들에게 테이프를 제안하자 테이프를 붙여서 배에 띄워 보았다. 그러나 배가 또 젖자 시트지, OHP 필름으로 배를 접에 띄워보며 놀이 속에서 재료의 변화를 통해 물에 젖지 않는 배를 만들기 위해 또래와 이야기 나누며 고민을 해결해 나가는 모습을 볼 수 있었다.

놀이를 통한 배움

- **유아:** 놀이하며 새로운 것을 발견하고 해결해 나가는 '**문제해결력**'
- **교사:** 놀이 활성화를 위해 유아의 요구 사항에 민감하게 반응하는 '**놀이지원자**'

• 종이–테이프–시트지–OHP 필름으로 물에 젖지 않는 배 만들어 물에 띄우기 실험

"하늘을 다니는 교통기관"

〈그림책과 연계한 놀이 / 숲 놀이터에서 이루어진 놀이〉

"동화 속에서 아기 별이 떨어졌을 때 도와줬던 친구들이 무엇을 탔지?"
"비행기랑 로켓!"
"열기구도 있었어."
"우리 열기구 만들었어요!"
"열기구 모빌로 장식해 주세요."

"우리 밖으로 나가서 비행기 날려요!"
"비행기 슛~ 골인!"
"멀리서 골인이 잘 안되는데..."
"그럼 조금 가까이서 해보면 되지!"
"오! 슛 골인!"

유아의 관심과 교사의 지원

- **관심**: 항공교통기관, 비행기와 열기구
- **지원**: 『하늘에서 떨어진 아기별』 그림책, 몰펀 놀이 방법 및 비행기 만들기 안내, 풍선, 풍선 탐색하며 신체 놀이를 위한 바깥 놀이터와의 연계, 비행기 날리기를 위한 숲 놀이 공간 확대, 유아들이 만든 열기구 모빌 교실 천장에 전시, 비행기 골인 지점판

교사의 생각

- 그림책과 연계되는 놀이가 유아들에게 큰 흥미과 관심을 불러일으킬 수 있음을 알 수 있었으며, 그림책을 통해 다양한 놀이의 흐름을 이어 나가고 무궁무진한 아이디어와 놀이 지원이 이루어질 수 있었다. 또한 비행기를 날리기 위한 공간을 실내가 아닌 숲으로 확장하여 유아들이 자유롭게 비행기를 날리고 즐거워 하는 모습에 공간의 변화와 확장의 중요성을 느낄 수 있었다.

놀이를 통한 배움

- **유아**: 놀이에 몰입하며 상상하고 자유롭게 표현하는 '**창의성**'
- **교사**: 놀잇감과 공간에 대해 고민하고 변화시키는 '**환경 제공자**'

• 블록으로 만든 열기구

• 숲 놀이터에서 비행기 날리기

"비행기를 타고 여행을 가요"

〈놀이 공간이 살아나는 놀이 / 역할에 흠뻑 빠진 놀이〉

"꽃들반 비행기가 출발합니다!" "비행기를 타실 분은 캐리어를 끌고 오세요~" "공항은 멀고 크니까 교실 밖에서 캐리어 끌고 들어와야지." "내가 비행기 할 테니까 나를 따라와~"	"어디로 여행가세요?" "여권 보여주세요." "여권에 도작 찍어드릴게요~" "비행기가 곧 출발합니다." "안전벨트 메주세요." "즐거운 여행되세요~"

유아의 관심과 교사의 지원

- **관심**: 공항, 비행기에서의 다양한 역할놀이, 캐리어 만들기, 비행기 놀이
- **지원**: 상자로 만들 수 있는 것에 대해 이야기 나누기, 캐리어 만들기 (다양한 꾸미기 재료, 색종이, 손잡이가 될 백업), 신체표현을 위한 비행기 날개, 교실-복도-유희실 놀이공간 확장, 공항직원(승무원, 기장, 안내직원) 대그룹 활동, 비행기 놀이에 필요한 소품(티켓, 여권, 비행기 조종석, 안전벨트, 승무원카트)

학습공동체 협의

- **고민**: 항공 교통기관에 대해 알아보면서 비행기에 가장 큰 관심을 보여 비행기를 구성하고 다양한 역할에 대해 알아보며 비행기 놀이가 시작되었는데, 비행기를 타 본 경험이 부족하여 역할놀이는 좋아하지만, 역할에 대한 이해가 부족함이 놀이 속에 나타난다.
- **협의**: 놀이에 흥미와 관심을 보이는 유아들이기에 역할에도 흠뻑 빠져서 놀이가 이루어질 수 있도록 역할과 관련된 그림책, 영상매체를 활용해보는 것은 어떨까?

놀이를 통한 배움

- **유아**: 놀이에 몰입하여 상상하고 자유롭게 표현하기 '**자율성**'
- **교사**: 놀이 결과보다 과정을 중시하는 '**믿음과 중심**'

• 상자로 만든 캐리어

• 기장, 승객, 승무원이 되어 공항놀이 표현

"비행기를 타고 바다여행을 떠나자"

〈유아가 발견한 놀이 / 영역 간 경계가 없이 이루어지는 놀이〉

"여권 보여주세요."	"비행기 타고 어디로 가고싶어?"
"어디로 여행가세요?"	"바다!"
"비행기가 하늘로 올라갑니다~"	"나 바다 엄마,아빠랑 가봤는데"
"비행기 소리는 슈우우우웅"	"우리 교실에도 바다 만들어요."
"비행기 타고 바닷가로 여행가요!"	"모래놀이할 수 있는 모래랑 파도도 만들면 좋겠다."

유아의 관심과 교사의 지원

- **관심**: 비행기 놀이, 큰 비행기 만들기, 기장/승무원 역할놀이, 바다 구성하기
- **지원**: 비행기 사진을 보며 큰 비행기 함께 만들어보기(우드락으로 만든 비행기 틀, 한지, 색종이, 사인펜, 매직), 바다를 가 본 경험에 대해 이야기 나누기, 모래사장과 바다의 색에 대해 이야기 나누기 소그룹 지원, 모래사장과 바다를 표현할 수 있는 공간 마련, 전지와 색 모래, 풀, 비닐

교사의 생각

- 지난 놀이의 연계와 확장으로 유아들이 비행기를 타고 바다로 여행을 떠나고 싶어 하여 교실에도 바다를 구성하며 놀이를 이어나가 보았다. 모래와 물의 색을 '갈색', '하늘색', '파란색'으로 제한을 두는 것이 아니라 여러 가지 색이 있다는 것에 대해 사진을 통해 알아보고 알록달록한 모래사장과 바다를 구성해 볼 수 있었다.

놀이를 통한 배움

- **유아**: 내가 시작한 놀이와 내가 만든 놀잇감 **'성취감'**
- **교사**: 유아의 놀이를 격려하고 지지하며 함께 즐겁게 놀이하기 **'놀이 참여자'**

• 꽃들 비행기 만들어 공항놀이로 표현

• 색 모래로 모래사장과 바닷가 표현

2. 놀이2 와~여름이다!

놀이환경 구성

즐거운 여름

비행기를 타고 바다로 여행을 떠나고 싶어 했던 유아들의
놀이가 자연스레 낚시와 물놀이로 관심이 이어지고
주말지낸 이야기를 나누던 중 바닷가, 갯벌을 다녀왔던 경험에
대해 이야기를 나누며 유아들의 놀이로 표현되기 시작한다.

꽃들반 교실 상황

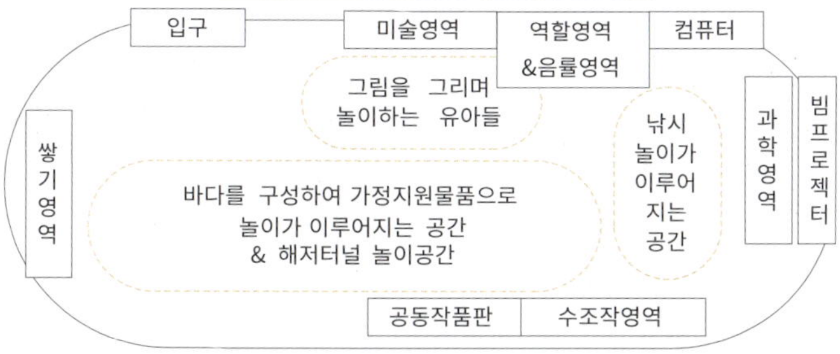

교사의 자료지원

*언어: 여름/물 그림책(가정지원&사전경험), 물놀이 놀이 사진, 언어카드, 칠판
*쌓기&역할: 바다를 구성하기 위한 물 블록, 물놀이 관련 가정지원물품, 투명 우산, 낚시 용품, 낚시터 구성을 위한 블록, 습자지, 해저 터널 표현을 위한 공간
*과학&음률: 색 번지기 실험용 트레이, 화장솜, 사인펜, 스포이드, 다양한 악기
*미술: 전지, 파스텔, 물감(고체용, 수성), 마스크, 사인펜, 분무기, 여름 채소 과일 실물 자료, 띠색종이, 유아가 필요로 하는 재료

꽃들반의 모습

물놀이의 경험을 떠올리며 낚시놀이와 원내 물놀이를 통한 '즐거운 여름' 주제와 시원한 여름을 보내기 위해 먹는 여름 음식에 대해 알아보며 '맛있는 여름' 주제 놀이가 이어진다. 물놀이와 관련된 가정지원물품으로 놀이가 확장되어 진행되고 교실에서 웃음이 끊이지 않고 놀이가 이루어진다.

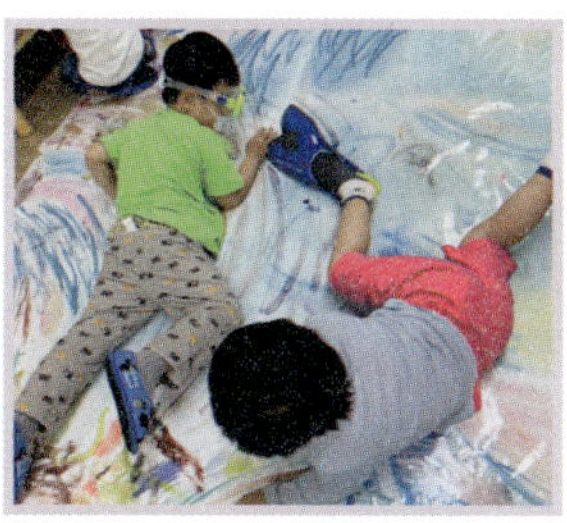

지난 놀이의 연계와 확장

"우리 밖에서 물 틀어놓고 낚시 놀이해요"

"고기를 잡으러 바다로 갈까요"
바깥 놀이터와의 연계

"마스크 물고기"
친숙한 재료의 변신

"여름 여름 여름 즐거운 여름"

"해저 터널 탐험대"
영역 간 경계를 허문 놀이

"즐거운 물놀이를 즐기자!"
가정지원물품을 통한 놀이 활성화

"와 시원한 여름이다"
시원한 여름 놀이

"고기를 잡으러 바다로 갈까요?"

〈유아의 제안으로 시작된 놀이 / 공간 확장을 통해 이루어진 놀이〉

"고기를 잡으러 바다로 갈까요~?"
"나는 가오리 잡았다."
"나는 상어 잡았다."
"낚시터에 물도 있었으면 좋겠다."
"어떻게 물을 만들고 싶어?"
"파란색 종이로 물 만들어요!"
"우리 밖으로 나가서 낚시 놀이해요!"
"저번에 배 띄우기 한 것처럼 그 통해 물 담아주세요."
"진짜 낚시하는 것 같아."
"재밌다 그치?"

유아의 관심과 교사의 지원

- **관심**: 낚시터 놀이, 습자지를 이용한 물 표현, 물고기 잡기
- **지원**: 바다 생물 사진, 낚시터 블록, 습자지, 낚시대, 그물, 물고기 모형, 낚시 트레이, 물

교사의 생각

- 놀이하며 끊임없이 새로운 것을 발견하고 공간을 이동하며 놀이를 확장해 나가는 모습 속에 유아들의 주도적인 놀이 모습이 나타남을 느꼈으며, 배를 띄울 때 사용했던 놀이터 큰 바구니를 떠올리며 낚시 놀이에도 경험을 토대로 놀이를 이어 나가는 모습이 보였다. 교사의 주도보다는 유아의 놀이를 관찰하며 유아의 요구에 민감하게 반응하고 지원해 주는 것이 중요함이 나타난 놀이였다.

놀이를 통한 배움

- **유아**: 놀이의 주도성을 갖고 놀이에 흠뻑 빠지는 **'주도성 & 자율성'**
- **교사**: 유아의 놀이 격려하고 지지하는 **'협력자'**

• 교실에서 바깥 놀이터로 확장한 낚시 놀이

• 교실 벽에 바닷가 표현

"마스크 물고기"

〈친숙한 재료의 변신을 통한 놀이〉

"이거 마스크잖아!"
"마스크에 그림 그려도 되나?"
"우와! 진짜 잘 그려지잖아."
"마스크가 변신한다. 변신!"
"이제 놀이터로 나가서 더 멋지게 변신 시켜 줄거야!"
"마스크에 물을 뿌리니까 어떻게 변해?"
"색이 비처럼 떨어진다!"

유아의 관심과 교사의 지원

- **관심**: 낚시 놀이, 물고기 만들기
- **지원**: 친숙하지만 놀잇감으로 변신할 수 있는 재료 지원하기, 마스크, 사인펜, 마스크에 그림 그리는 유아와 상호작용, 마스크 변신을 위해 분무기 사용으로 인한 바깥 놀이터로 공간 확장, 사인펜이 물에 번지는 모습 관찰하며 상호작용, 놀이에 즐겁게 참여하는 유아 격려

학습공동체 협의

- **고민**: 코로나19가 장기화 되면서 마스크를 쓰고 생활하는 유아들의 모습이 안타깝다. 매일 사용하고 친숙한 마스크를 놀이 재료로 제공해 주는 건 어떨까?
- **협의**: 처음 사용하는 재료 또는 낯선 재료를 통한 놀이도 유아들에게 큰 흥미와 관심을 불러일으킬 수 있겠지만 자주 사용하며 친숙한 재료를 이용한 놀이를 통해 놀이가 이루어지는 것도 좋은 생각인 것 같다.

놀이를 통한 배움

- **유아**: 놀이 경험을 통해 놀이를 이해하고 확장해 나가는 **'주도성'**
- **교사**: 놀이 활성화를 위해 끊임없이 고민하는 **'연구자'**

• 마스크에 사인펜이 번지는 모습 실험과 관찰

• 마스크 물고기 만들어서 놀이와 작품으로 표현하기

"즐거운 물놀이를 즐기자!"

〈가정지원물품으로 활성화 된 놀이〉

"우리가 만든 바다에서 물놀이 하자!"
"집에서 가져온 모자도 써야지."
"수영 안경도 쓰니까 진짜 물놀이 하는 것 같아서 재밌다."
"우리 같이 수영하자."

"아~ 물 속에서 너무 오래 놀았더니 조금 피곤하다."
"우리 책상에 침대 만들어서 조금 쉴까?"
"선생님 우리 책상으로 같이 침대 만들어 봐요."
"책상을 뒤집어서 만들어 봐요!"

유아의 관심과 교사의 지원

- **관심**: 교실 바닥에 바다 만들기, 물놀이 즐기기, 선베드 만들어 휴식하기
- **지원**: 물놀이 사전경험 이야기 나누기, 전지, 파스텔, 고체물감, 가정지원물품(수경, 오리발, 물총, 수건, 구명조끼, 우산 등), 책상, 교실 바닥과 책상에서 자유롭게 놀이하는 모습 격려 및 지원

교사의 생각

- 가정지원이 잘 이루어지지 않다가 유아들이 가정에서도 매년 하는 물놀이를 주제로 놀이를 이어 나가니 가정지원이 잘 이루어져서 아이들도 물건을 착용하며 놀이에 흠뻑 빠진 모습을 볼 수 있었다.

놀이를 통한 배움

- **유아**: 놀이에 몰입하여 상상하고 자유롭게 표현하기 '**자율성**'
- **교사**: 놀이의 주도권을 유아에게 넘겨주고 유아와 함께 놀이하는 '**놀이참여자**'

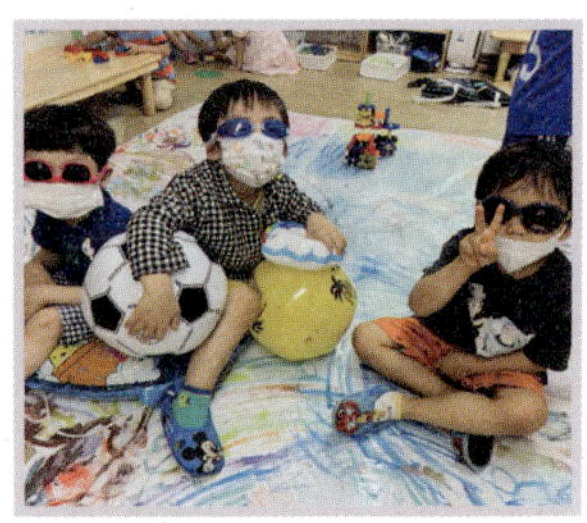

• 가정지원물품으로 물놀이 표현

"해저 터널 탐험대"

〈영역 간 경계를 허물고 유아가 제작한 자료로 이용한 놀이〉

"아빠 차 타고 터널 지나가 봤는데 동그랗고 깜깜했어요." "바닷속에 터널이 있으면 어떨까?" "신기하겠다." "나는 조금 무서울 것 같은데…"	"바다에 터널 있으면 바다 생물들 다 볼 수 있어서 좋겠다." "우리도 바다 터널 만들어서 지나가면 재밌겠다." "나도 너무 신날 것 같아!"

유아의 관심과 교사의 지원

- **관심**: 바다 생물 그림으로 표현하기, 해저 터널 만들어서 놀이하기
- **지원**: 일반 터널과 해저터널 그림 자료 보며 이야기 나누기, 터널 지나가 본 경험 이야기 나누기, 책상에 전지 붙여서 바다 생물 표현하기, 바다생물 그림 자료, 색연필, 파란 비닐, 해저 터널 약속 정하기, 책상 눕혀서 터널 구성하기

교사의 생각

- 터널을 지나가 본 경험을 떠올리며 해저터널 사진을 보며 이야기를 나누었다. 유아들이 교실에도 터널을 구성해 보고 싶어 하여 책상에 전지를 깔아 바다 생물을 표현한 뒤 책상을 뒤집고 위에 비닐을 덮어 터널을 구성해 보았다. 유아들이 놀이에 즐겁게 참여하는 모습을 보이기도 했지만, 안전 사고의 위험이 있어서 함께 약속도 정하고 유아의 제안에 터널 안전 지킴이를 세워서 놀이할 수 있었다.

놀이를 통한 배움

- **유아**: 놀이하며 새로운 것을 발견하고 해결해 나가는 **'문제해결력'**
- **교사**: 놀이 활성화를 위해 유아의 요구 사항에 민감하게 반응하는 **'놀이지원자'**

• 책상에 바다 생물 그림으로 표현 & 해저터널 놀이

"여름 여름 여름 즐거운 여름"

〈놀이 속에 나타난 음률 활동〉

"여기는 어디일까?" "나도 계곡 가봤는데" "저기서 낚시 하고 있는 것 같아요?" "무엇을 잡고 있는 걸까?" "나도 가서 아빠랑 소라 잡아봤는데..."	"여름, 여름, 여름 즐거운 여름~ 시원한 냇가에서 고기잡이 합시다~" "우리 악기 연주하면서 노래 불러보자!" "너는 탬버린 연주해, 나는 막대 연주 할게."

유아의 관심과 교사의 지원

- **관심**: 냇가에서 볼 수 있는 생물, 바다 생물, 즐거운 여름 노래 부르며 악기 연주, 낚시 놀이
- **지원**: 냇가에서 볼 수 있는 생물 이야기 나누기, 생물(미꾸라지, 뱀장어, 송사리, 올챙이) 알아보기, '즐거운 여름' 동요 부르기 대그룹 활동, 「즐거운 여름」 가사판, 음원, 악기, 낚시 도구

학습공동체의 협의

- **고민**: 악기를 연주하는 데에 즐거움을 느끼지만, 악기를 크게 연주하거나 흔들기만 하는 유아들로 인해 다른 놀이를 하는 유아들이 방해된다고 이야기한다. 작게 악기를 연주할 수 있도록 이야기를 나누어야 하는지 소리가 작은 악기를 제공해 주어야 하는지 고민이다.
- **협의**: 교사가 해답을 내려주며 무언가를 제시해 주기보다는 유아의 계속되는 시도를 조금 더 관찰해보고 지원하는 건 어떨까?

놀이를 통한 배움

- **유아**: 친구와 놀이 속에서 즐거움을 찾아나가는 **'성취감'**
- **교사**: 유아의 놀이를 격려하며 지지하는 **'협력자'**

• '즐거운여름' 노래 부르며 악기 연주

• 노래에 나온 바다생물 낚시놀이

“와~ 시원한 여름이다!”

〈그림책을 통한 놀이 / 유아가 제작한 자료를 이용한 놀이〉

“이거 엄청 커다란 잎이다! 이건 무슨 잎이지?” “포도나무 잎이야.” “나, 포도 먹어봤는데, 엄청 달콤했어!” “나, 포도 만들어보고 싶다.”	“근데 포도 말고도 여름에 먹는 과일 엄청 많은데…” “지금 우리 집에 수박 있어! 수박!” “복숭아도 여름에 먹고 참외도 있고!” “또 뭐가 있지?”

유아의 관심과 교사의 지원

- **관심**: 여름에 먹는 과일과 채소, 포도 만들기, 수박 만들기
- **지원**: 여름에 먹는 과일과 채소 대그룹 활동 지원, 여름에 먹는 채소와 과일 그림자료, 실물자료(포도잎, 옥수수 잎, 옥수수 수염), 여름 채소, 과일 먹어 본 경험 이야기 나누기, 포도 찍기, 솜, 붓, 초록색/보라색 물감, 시트지, 플레이콘, 한지, 띠 색종이, 풀, 아세테이트지

교사의 생각

- 유아들이 가정과 원에서 먹어 본 과일과 채소에 대한 경험을 이야기 나누고 실물 자료를 보며 놀이의 관심을 이끄니 유아들이 놀이로 표현하는데 더 적극적으로 참여하는 모습을 보였다. 특히 어린이집 놀이터에 있는 포도잎과 옥수수 잎, 옥수수 수염을 직접 탐색하고 관찰하며 놀이하는데 즐거움을 느끼는 모습을 보였다.

놀이를 통한 배움

- **유아**: 놀이 속 즐거움을 찾아 배우는 ‘**주체자 & 탐구자**’
- **교사**: 유아의 놀이를 위해 끊임없이 연구하며 노력하는 ‘**책무성**’

• 여름에 먹는 과일,채소 수수께끼 대그룹 활동

• 실물자료를 이용한 여름에 먹는 과일과 채소 만들기

꽃들반 놀이 흐름

한 눈으로 보는 2학기 놀이과정

9월

우리나라를 소개할게

우리나라의 색과 전통
자랑스러운 한글

10월

빨갛게 노랗게 물든 가을

가을 열매로 놀이해요
가을은 정말 즐거워!

11월

겨울과 크리스마스

겨울과 눈 결정체
크리스마스 놀이를 즐겨요!

12월

자연과 환경으로 놀이해요

돌과 흙으로 놀이해요
바람과 빛으로 놀이해요

1월

밤하늘 놀이

2월

그림자놀이

3. 놀이3 빨갛게 물든 가을

놀이환경 구성

빨갛게 노랗게 물든 가을

어린이집 등 하원을 하며 가을의 색으로 변한 자연환경에 대한 관심을 시작으로 "나무 색이 예뻐졌다!","왜 색이 변했지?" 라는 궁금증을 가지고 가을을 주제로 한 놀이로 흐름이 이어지기 시작한다.

꽃들반 교실 상황

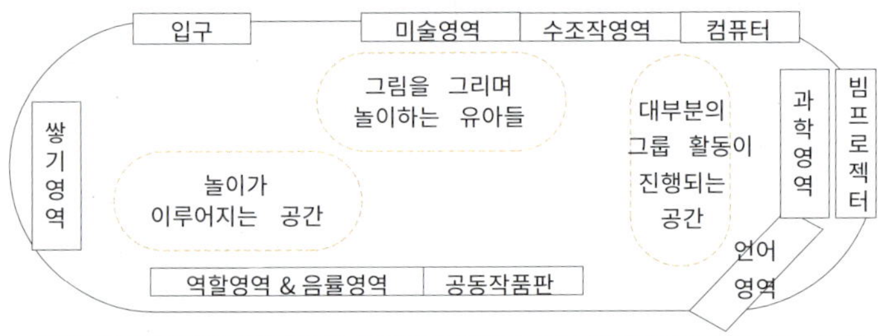

교사의 자료지원

*언어: 가을 그림책(가정지원&사전경험), 가을에 볼 수 있는 열매 카드
*쌓기&역할: 책상, 다양한 블록, 자연물, 가을 동물 머리띠, 벽돌블록
*수조작&과학: 규칙이 있는 게임, 자연물, 라이트판, 물백묵
*미술: 자연물, 유아가 필요로 하는 재료, 놀이 관찰하며 재료 지원

꽃들반의 모습

어린이집 등 하원을 하며 가을의 색을 입은 자연환경에 대한 관심과 궁금증을 가지고 놀이가 전개되며 직접 느끼고 놀이하며 표현할 수 있는 교실, 놀이터, 숲에서 놀이가 확장되어 진행되었다. 가정과 연계하여 가족과 자연물을 함께 줍고 어린이집으로 가져와 책상, 공동작품판, 바닥에서 놀이가 원활하게 이루어진다.

유아들의 흥미와 연계된 관심의 시작

"빨갛게 노랗게 물든 가을"
가정과 연계한 놀이

"가을 나뭇잎과 열매로 놀이해요"
다양한 공간에서 이루어진 놀이

"가을 열매로 요리해요"
수확의 기쁨을 요리해요

"허수아비는 뭐하는거지?"
그림책으로 관심 열기

"낙엽 길을 만들어보자"
자연물 오감 놀이

"가을은 정말 즐거워!"
다양한 자연물 놀이

"빨갛게 노랗게 물든 가을"

〈가정 연계로 가족과 주워온 자연물로 시작된 놀이〉

"엄마 아빠랑 같이 주워 온 단풍잎이야!" "나는 보라색이랑 하얀색 코스모스 꽃을 주웠어." "이건 가을에만 피는 꽃이래." "나는 주황색 나뭇잎을 주워왔어." "도토리 모자랑 도토리도 주워 왔어."	"우리가 집에서 주워 온 나뭇잎으로 나무를 만들어보는건 어떨까?" "벽과 책상, 천장 어디에 나무를 표현하고 싶어?" "책상에 하고 싶어요!" "그럼 책상에 하얀 종이를 깔아줄게. 우리 나무를 표현해 보자!"

유아의 관심과 교사의 지원

- **관심**: 가정연계로 주말에 산책하며 주워 온 가을 자연물 소개하기
- **지원**: 가정에서 주워 온 자연물 소개하고 탐색하는 시간 갖기(소그룹 활동), 책상 전지, 테이프, 아이스크림 막대, 색연필, 사인펜, 파스텔, 휴지, 가을 나무 표현을 위한 책상 활용, 유아가 필요로 하는 재료 즉각 지원

학습공동체 협의

- **고민**: 아이들과 자연물을 직접 주워서 자연물을 활용한 놀이를 이어 나가고 싶은데, 어린이집 주변에 다양한 자연물을 줍기가 애매한 것 같다.
- **협의**: 교사와 함께 자연물을 줍고 놀이를 이어 나가는 것도 좋지만 가정과 연계하여 주말을 이용해서 아이들이 가족과 자연물을 주워보고 탐색한 것을 월요일에 가지고 와서 놀이 해보는 것은 어떨까? 놀이 활성화에 더욱 효과적일 것 같다.

놀이를 통한 배움

- **유아**: 경험을 상상으로 상상을 놀이로 표현하기 **'창의성'**
- **교사**: 유아들의 사전경험으로 진행되는 놀이 모습을 관찰하며 **'지지해주기'**

• 가정연계로 주워 온 자연물을 책상 전지에 표현해 보기

"가을 나뭇잎과 열매로 놀이해요"

〈다양한 공간에서 펼친 놀이〉

"당근밭이랑 무다."
"무랑 당근 먹어봤어?"
"나 당근 좋아하는데!"
"당근은 토끼가 좋아하는데 너 토끼야?"
"이 게임은 어떻게 하는 거지?"
"다람쥐가 됐구나"
"다람쥐가 좋아하는 음식은 무엇일까?"
"도토리!"

"우리 같이 도토리를 찾으러 가볼까?"
"도토리 찾았다!", "여기 밤도 있어."
"밤은 가시가 엄청 많이 있네."
"껍질을 까서 냠냠 냠냠 맛있다."
"저기 다람쥐 색칠해 볼래?"
"다람쥐는 어떤 색일까?"
"갈색!"
"갈색을 찾아서 색칠해 보자."

유아의 관심과 교사의 지원

- **관심**: 가을 채소 수확하기(규칙있는 놀이), 다람쥐가 되어 역할극 놀이
- **지원**: 가을 채소 수확하기 놀잇감, 무/당근 모형, 바구니, 주사위, 무밭/당근밭, 무와 당근 먹어 본 경험 이야기 나누기, 가을 채소 수확하기 활동 방법 소개, 가을 나무 벽돌 블록, 도토리 머리띠, 밤/도토리 모형, 다람쥐/밤/도토리 도안, 색칠 도구

학습공동체의 협의

- **고민**: 15명 중 대다수 유아의 흥미를 따라 놀이의 흐름을 이어 나가는데 놀이 주제와 관련된 놀이보다 그날그날 자신의 흥미에 따라 놀이를 이어 나가는 유아들이 있다.
- **협의**: 유아들이 주제와 관련된 놀이만 하기보다는 유아가 흥미를 보이며 관심 있어 하고 궁금해하는 것에 대해 적절하게 상호작용을 해 주는 방법은 어떨까?

놀이를 통한 배움

- **유아**: 친구와 함께 소통하며 놀이하는 즐거움 **'또래 친구와의 상호작용'**
- **교사**: 놀이 활성화를 위해 유아의 요구사항에 민감한 반응하는 **'지원자'**

• 규칙이 있는 게임: 가을 채소 수확하기

• 미술-역할놀이의 연계: 다람쥐가 되어보기

"가을 열매로 놀이해요"

〈사전경험을 토대로 이루어지는 놀이 / 다양한 공간에서 이루어지는 놀이〉

"숲에서 볼 수 있는 가을 열매는 무엇이 있을까?" "밤이랑 감!" "동글 동글 갈색 밤을 찾으러 숲으로 떠나 볼까?" "좋아요!"	"우리 어린이집 나무 중에 열매가 열리는 나무가 무엇일까?" "감", "대추!" "대추가 원래는 초록색이었는데, 이제는 빨간색이 됐어요." "대추 진짜 맛있는데~"

유아의 관심과 교사의 지원

- **관심**: 숲에서 가을 열매 찾아 줍기, 가을 열매로 요리하기
- **지원**: 숲과 인사 나누기, 밤의 생김새 언어로 표현하기, 밤 주우며 유아-유아 간의 상호작용 지원, 알밤, 유아와 함께 만든 다람쥐 손잡이 가방, 비상약품, 숲 놀이를 위한 숲 놀이터로 놀이 공간 확장, 대추, 요리 순서도, 도마, 칼, 꿀, 대추 청 담을 병

교사의 생각

- 유아들이 직접 줍고 수확한 가을 열매를 탐색하고 대추 청 담그기 요리 활동으로 놀이를 이어 나가며 수확의 기쁨과 성취감, 놀이 속 배움, 요리의 즐거움을 유아들이 직접 느끼는 모습을 볼 수 있었다.

놀이를 통한 배움

- **유아**: 놀이에 몰입하며 상상하고 자유롭게 표현하는 **'창의성'**
- **교사**: 놀잇감과 공간에 대해 고민하고 변화시키는 **'환경 제공자'**

• 숲에서 가을 밤 줍기

• 어린이집 놀이터에서 수확한 대추로 대추 청 담그기

"낙엽 길을 만들어보자"

〈놀이 속 배움이 일어난 놀이〉

"놀이터에 낙엽이 진짜 많이 떨어져 있어요."
"낙엽 색이 노란색도 있고, 갈색도 있다."
"낙엽 보니까 아까 부른 노래 생각나요."
"노랗게 노랗게 물들었네."
"빨갛게 빨갛게 물들었네."
"여기 낙엽은 빨간색이야."
"내가 찾은 낙엽 예쁘죠?"

"우리가 주운 낙엽을 커다란 주머니에 담아보자."
"정말 많이 주워 왔구나!"
"낙엽길이 완성되었어. 낙엽을 밟으며 소리를 들어 보자."
"우와! 낙엽 소리가 들려."
"쉿! 조용히 들어봐."

유아의 관심과 교사의 지원

- **관심**: 내가 주운 낙엽으로 낙엽 길 만들어보기, 낙엽 소리 탐색하기
- **지원**: '가을길' 가사판, 음원, 낙엽 소리 음원, 낙엽 담을 봉투, 낙엽을 줍기 위해 놀이터로 공간 확장, 아세테이트지, 테이프, 유아가 필요로 하는 재료, 낙엽길 만들기 대그룹 활동 지원

교사의 생각

- 자연물 놀이에 흠뻑 빠진 유아들과 또래와 함께 낙엽을 주우러 어린이집 인근 놀이터로 공간을 확장하여 낙엽의 색을 관찰하고 낙엽을 주워보았다. 낙엽을 밟아보며 낙엽의 소리를 탐색할 수 있었으며 교실에서 낙엽길을 만들어서 오감으로 느끼는 놀이를 할 수 있었다. 유아들이 남은 낙엽으로 모빌 만들기를 제안하며 유아가 직접 찾은 재료로 주도적으로 놀이가 연계되고 확장해 나가는 모습을 볼 수 있었다.

놀이를 통한 배움

- **유아**: 놀이하며 새로운 것을 발견하고 해결해 나가는 '**문제해결력**'
- **교사**: 놀이 활성화를 위해 유아의 요구 사항에 민감하게 반응하는 '**놀이지원자**'

• 놀이터에서 주운 낙엽으로 낙엽길 만들기

• 낙엽으로 모빌 만들기

"허수아비는 뭐 하는거지?"

〈그림책과 연계한 놀이 / 책상의 변신〉

"저 허수아비 본 적 있어요."
"저 할머니, 할아버지 집에서 봤어요."
"할머니랑 할아버지가 심은 거 새들이 먹지 말라고 세운 게 허수아비라 그랬어요."

"허수아비 동화에서 나온 허수아비 만들어 볼래"
"블록으로도 허수아비를 만들 수 있나?"
"어떻게 만들지?"
"블록에 테이프 붙여도 돼요?"

유아의 관심과 교사의 지원

- **관심**: 허수아비 옷 만들기, 블록으로 허수아비 만들기, 종이접기로 벼 만들기
- **지원**: 『허수아비와 참새』 그림책, 재활용 봉투, 프린팅 휴지, 풀, 가위, 스팽글, '허수아비와 참새' 그림책 대그룹 활동, 허수아비 옷 만들기 소그룹 활동, 허수아비 옷 입고 신체로 표현해 보기, 나무블록, 색종이, 꼬치 막대, 벼 종이접기 방법 안내, 잔디 모형 가을 나무 표현한 책상 세워서 놀이 환경판으로 구성

교사의 생각

- 그림책과 연계되는 놀이가 유아들에게 큰 흥미와 관심을 불러일으킬 수 있음을 알 수 있었다. 그림책을 통해 다양한 놀이의 흐름을 이어 나가고 무궁무진한 아이디어와 놀이 지원이 이루어질 수 있었다. 또한 비행기를 날리기 위한 공간을 실내가 아닌 숲으로 확장하여 유아들이 자유롭게 비행기를 날리고 즐거워하는 모습에 공간의 변화와 확장의 중요성을 느낄 수 있었다.

놀이를 통한 배움

- **유아**: 놀이에 몰입하며 상상하고 자유롭게 표현하는 **'창의성'**
- **교사**: 놀잇감을 새롭게 변화시킬 수 있는 방법에 대해 고민하고 변화시키는 **'연구자'**

• 허수아비 옷 입고 신체로 표현하기

• 블록과 색종이로 허수아비 만들어 놀이하기

"가을은 정말 즐거워!"

〈놀이 공간이 살아나는 놀이 / 실내외 공간이 연계되고 확장되어 이루어진 놀이〉

"나뭇잎이 나무에서 떨어진다."
"잡아볼래!"
"우리가 나뭇잎을 하늘 높이 던져보는건 어떨까?"
"나뭇잎을 많이 담고 하나, 둘, 셋!"
"낙엽 비가 내려요!"
"햇님이 마법을 부려줄거야."

"우리 이 종이에 자연물을 올려보자."
"이 종이 이름은 뭐지?"
"감광지라고 한 대."
"나는 긴 갈대를 올릴거야."
"나는 내가 찾은 잎을 하나씩 순서대로 올릴거야."
"햇님아 마법을 부려줘."
"수리수리 마수리 얍!"

유아의 관심과 교사의 지원

- **관심**: 나뭇잎 색 탐색하기, 나뭇잎으로 놀이하기, 토끼 액자 만들기, 감광지로 놀이하기
- **지원**: 놀이터에서 보는 나뭇잎의 색에 대해 이야기 나누기, 놀이터와 숲으로 놀이공간 확장, 낙엽으로 함께 놀이하기, 나무판, 토끼 얼굴 모양 종이, 양면테이프, 낙엽 주우며 숫자 세기 경험, 자연물 담을 나무 상자, 감광지, 물, 그릇, 비상약품

학습공동체 협의

- **고민**: 계절은 겨울이 가까워져 오고 있는데 유아들은 가을 자연물과 관련된 놀이에만 관심을 보이고 있는데 어떻게 하면 좋을까?
- **협의**: 계절이 변하고 있지만 유아들의 흥미가 자연물에 있으니 계속 유아의 흥미와 요구대로 놀이를 좀 더 이어가는 것은 어떨까?

놀이를 통한 배움

- **유아**: 놀이에 몰입하여 상상하고 자유롭게 표현하기 **'자율성'**
- **교사**: 놀이의 결과보다 과정을 중시하는 **'믿음과 중심'**

• 감광지로 마법 부리기

• 낙엽 비가 내려요

• 낙엽으로 만든 토끼 액자

4. 놀이4 자연물과 환경으로 놀이해요.

놀이환경 구성

돌로 놀이해요

가을 자연물로 놀이를 이어가던 중 다양한 크기와 모양, 색을 가진 돌에 관심을 가지며 돌을 주제로 한 놀이로 흐름이 이어지기 시작한다.

꽃들반 교실 상황

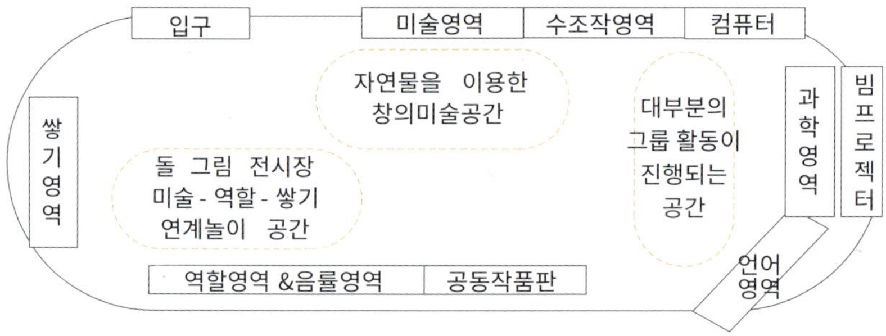

교사의 자료지원

*언어: 환경과 생활 그림책(가정지원 &사전경험), 언어 카드, 그림카드, 검정칠판
*쌓기&역할: 다양한 블록/바람개비 사진, 돌 전시장 구성하기, 유아가 자유롭게 놀이로 표현할 수 있는 공간과 소품, 가정지원 소품
*과학&음률: 다양한 크기의 돌, 색모래, 공룡모형, 핸드벨, 신호악기
*미술: 돌, OHP필름,꾸미기 재료, 별 스티커, 자연물, 유아가 필요로 하는 재료

꽃들반의 모습

돌과 흙을 주제로 놀이의 흐름을 이어 나가며 다양한 크기와 모양, 색을 가진 돌을 탐색해 보고 거친 질감의 모래놀이를 통해 오감으로 느끼고 이야기를 만들며 놀이가 이루어진다. 교실, 바깥 놀이터, 숲으로 공간이 확장되고 특히 책상을 세우고 눕혀서 놀이하며 교실 곳곳이 놀이 공간으로 변화되며 놀이가 즐겁게 이루어진다.

지난 놀이의 연계와 확장

"다양한 크기와 모양을 가진 돌"
돌 관찰하고 디자인하기

"색모래로 놀이해요"
바깥 놀이터와의 연계

"바람으로 놀이해요"
바람을 만들어 놀이하기

"우리가 만든 밤 하늘"
책상을 활용한 놀이

"나뭇잎 빨래"
숲과 연계한 놀이

"바람개비 동산에 놀러오세요"
종이접기로 시작된 놀이

"우리 불 끄고 놀이해요!"
형광을 통한 유아주도 놀이

"그림자놀이"
유아가 발견한 놀이

"어메이징 우주탐험"
명화 감상과 놀이

"다양한 크기와 모양을 가진 돌"

〈이전 놀이의 확장 / 돌 관찰하고 디자인하기〉

"돌이다!" "검정색 돌은 초콜릿같이 생겼다." "하얀색 돌은 소방차 네모 모양이야." "돌이 엄청 부드럽다." "돌에도 예쁜 그림을 그릴 수 있다는 것을 아니?" "돌에 그림을 그릴 수 있다면 그림을 그리고 싶어?" "예쁜 모양을 그리고 싶어요."	"나는 하트 꽃을 그려줄거야." "돌에 색연필이 잘 안나와요." "사인펜도 안나오는데?" "선생님이랑 그림이 그려지는 어떤 도구를 찾아보자!" "돌 소방차 완성했어요!" "우리 돌 그림을 전시해보는건 어떨까?"

유아의 관심과 교사의 지원

- **관심**: 돌 관찰하기, 돌 그림 그리기, 돌 그림 전시장 구성하기
- **지원**: 다양한 크기와 모양/색을 가진 돌, 돌 그림 사진, 색연필, 사인펜, 물백묵 펜, 반짝이 물백묵 펜, 종이, 도넛 끼우기 블록, 돌 그림 전시할 수 있는 공간 마련, 유아의 한글 쓰기를 고려한 지원(보고 따라 적기, 점선 따라 쓰기)

교사의 생각

- 놀이하며 끊임없이 새로운 것을 발견하고 공간을 이동하며 놀이를 확장해 나가는 모습 속에 유아들의 주도적인 놀이 모습이 나타남을 느꼈다. 종이에만 그림을 그리던 유아들에게 종이 대신 돌에 그림을 그릴 수 있다는 것을 알려주자 매끈한 재질에는 색연필, 사인펜 외에 매직, 지워지지 않는 그리기 도구를 사용해야 함을 알아갈 수 있었다. 교사의 적절한 지원과 함께 놀이함을 통해 유아가 놀이 속에서 배움을 알아가는 모습을 볼 수 있었다.

놀이를 통한 배움

- **유아**: 놀이의 주도성을 갖고 놀이에 흠뻑 빠지는 **'주도성 & 자율성'**
- **교사**: 유아의 놀이 격려하고 지지하는 **'협력자'**

• 미술–쌓기의 연계: 돌 그림을 그리고 돌 그림 전시장 구성하기

"색 모래로 놀이해요"

〈친숙한 재료의 변신을 통한 놀이 / 바깥 놀이터와의 연계〉

"모래다 모래!"
"모래는 바닷가에서 보는 건데? 바닷가에서 선생님이 모래 가지고 왔어요?"
"모래 진짜 부드러워요."
"크기는 진짜 진짜 작다."
"모래에 손을 감춰볼까?"
"두껍아 두껍아 헌집줄게 새집다오~"

"공룡들도 모래에서 놀고싶대."
"어? 근데 모래들이 바닥에 다 떨어지고 있네? 우리 모래가 떨어지지 않게 놀이할 수 있는 방법은 없을까?"
"상자에 손을 털면돼요!"
"우리가 청소해줄래요!"

유아의 관심과 교사의 지원

- **관심**: 색 모래놀이
- **지원**: 친숙하지만 놀잇감으로 변신할 수 있는 재료 지원하기, 보다 넓은 공간에서 모래놀이를 위해 바깥 놀이터로 공간 확장, 유아가 필요로 하는 재료 지원, 놀이에 즐겁게 참여하는 유아 격려, 색모래 안전 약속 정하기, 빗자루와 쓰레받기, 놀이가 확장될 수 있도록 놀이 제안과 지원하기

교사의 생각

- 유아에게 색 모래를 제공하자 유아들이 흥미롭게 관찰하고 오감으로 탐색하며 놀이가 이루어졌다. 모래의 색과 모래로 놀이한 사전 경험을 이끌어 상호작용하자 유아들이 주도적으로 놀이가 원활하게 이루어졌다. 유아의 놀이를 관찰하며 작은 공룡 모형과 곤충 모형 등을 제공하자 놀이터를 만들며 놀이에 흠뻑 빠져 놀이하는 모습을 볼 수 있었다.

놀이를 통한 배움

- **유아**: 놀이 경험을 통해 놀이를 이해하고 확장해 나가는 '**주도성**'
- **교사**: 놀이 활성화를 위해 끊임없이 고민하는 '**연구자**'

• 교실 공간에서 이루어진 색 모래 놀이

• 색 모래 그림그리기

"바람으로 놀이해요"

〈유아와 함께 만들어나간 놀이〉

"바람은 무엇일까?"
"바람은 눈에 보이지 않지만 느낌으로 알 수 있대."
"바람이 불면 어떤 느낌이 들까?"
"시원해요.", "추워요.", "차가워요!"
"바람이 불고 있다는 것을 어떻게 알 수 있을까?"
"머리카락이 날아가는 걸로!"
"나뭇잎이 흔들려요."
"옷이 움직여요."
"바닥에 있는 비닐이 날아가요."
"바람이 불 때 돌아가는 바람개비를 만들어볼까?"
"바람개비는 어떤 모양일까?"
"선풍기 모양 같아요."
"바람개비 완성했으니까 밖으로 나가서 바람개비 날아가는지 놀이해요!"

유아의 관심과 교사의 지원

- **관심**: 바람 만들기, 바람개비 만들기, 바람개비 날리기
- **지원**: 부채, 하늘에 단 한지와 풍선, 리본 끈, 바람을 이용한 놀이에 대해 이야기 나누기, 바람을 느끼는 방법, 부채로 바람 만들 수 있도록 천장 놀이 공간 활용, 바람개비 사진, 색종이, 가위, 스티커, 색연필, 꾸미기 재료, 수수깡, 할핀, 바람개비 날리기 위해 바깥 놀이터로 놀이 공간 확장

학습공동체의 협의

- **고민**: 바람개비를 만드는 것에 흥미를 느끼는 유아들이지만 시작부터 완성까지 교사의 일대일 도움 없이는 완성하기 힘들어하는 놀이 같다. 아이들이 주도성을 가지고 스스로 하는 힘을 길러주고 싶다.
- **협의**: 스스로 할 수 있도록 준비해서 재료를 제공하는 것이 중요할 것 같다. 바람개비를 사선으로 자르고 날개 모양으로 붙이는 과정에 교사의 도움이 많이 필요로 하기에 사선을 미리 그려놓고 가위로 자르는 것까지 스스로 할 수 있도록 안내하는 것은 어떨까? 더불어 교사가 관찰하며 지원하고 도움을 주는 방법이 좋을 것 같다.

놀이를 통한 배움

- **유아**: 놀이에 몰입하여 상상하고 자유롭게 표현하기 **'자율성'**
- **교사**: 놀이의 주도권을 유아에게 넘겨주고 유아와 함께 놀이하는 **'놀이참여자'**

• 바람 만들어서 놀이하기

• 바깥 놀이터에서 바람개비 날리기

“바람개비 동산에 놀러오세요”

〈영역 간 경계를 허물고 유아가 제작한 자료를 이용한 놀이〉

“바람개비들이 많이 모여있는 동산이 있다면 어떨까?”
“거기로 소풍가고 싶어요.”
“바람개비 동산은 어떻게 생겼을까?”
“바람개비가 엄청나게 많을 것 같아요!”
“우리도 바람개비 동산 만들어봐요.”
“이건 투명한 필름 종이네요?”
“이걸로도 바람개비를 만들 수 있어요?”

“여기는 미끌미끌해서 사인펜이 자꾸 지워져요.”
“매직을 사용하면 좋겠어요.”
“매직은 지워지지 않아요!”
“날개에 어떤 걸 그려서 꾸며주고 싶어?”
“여러가지 모양을 그리고 싶어요.”
“공주를 그릴거에요.”

유아의 관심과 교사의 지원

- **관심**: OHP 필름으로 바람개비 만들기, 바람개비 동산 구성하기, 바람개비 동산 소풍놀이
- **지원**: 바람개비 동산 사진, OHP 필름, 매직, 꾸미기 재료, 스티커, 할핀, 빨대, 바람개비 동산 보며 이야기 나누기, 활동 방법 안내, 바람개비 동산에서 하고 싶은 것 이야기 나누며 함께 놀이하기, 잔디모형, 벽돌블록, 상차림 놀잇감, 음식모형, 주방놀이, 바람개비 동산 구성을 위한 책상 뒤집기

교사의 생각

- 바람개비 만드는 것에 흥미를 가진 유아들에게 OHP 필름을 제공하니 자율성을 갖고 다양한 재료를 사용하여 창의적인 바람개비를 표현하는 모습을 볼 수 있었으며 바람개비 동산 사진을 보며 교실에 바람개비 동산을 구성하는 모습을 보였다. 교사가 책상을 뒤집자 “책상 뒤집어도 돼요? 더 멋진 바람개비 동산이 되겠다.”라고 이야기하며 놀이하는 모습을 보였다.

놀이를 통한 배움

- **유아**: 놀이 하며 새로운 것을 발견하고 해결해 나가는 **‘문제해결력’**
- **교사**: 놀이 활성화를 위해 유아의 요구 사항에 민감하게 반응하는 **‘놀이지원자’**

• 바람개비 동산 구성하여 소풍 놀이 즐기기

"나뭇잎 빨래"

〈숲으로 놀이 공간을 확장한 놀이〉

"우리 누가 가장 큰 나뭇잎 찾나 해볼까?"
"내가 엄청 큰 나뭇잎 찾았어!"
"우리 크기 비교해보자."
"내가 더 크다!"
"어? 테이프잖아? 여기에 나뭇잎 붙는다."

"테이프에 내가 찾은 나뭇잎을 붙여볼까?"
"나뭇잎 붙이니까 빨래 걸어 놓은 것 같다!"
"빨래가 잘 마를 수 있게 바람을 불어주자."

유아의 관심과 교사의 지원

- **관심**: 숲 놀이, 자연물 찾고 관찰하기, 자연물 크기 비교하기, 자연물 빨래 놀이
- **지원**: 숲 놀이터로 놀이 공간 확장, 숲에서 볼 수 있는 자연물 탐색하기, 나뭇잎 크기 비교하기, 마끈, 테이프, 부채, 숲 놀이 안전

교사의 생각

- 학기 초 숲 놀이를 시작했을 때, 숲을 오르고 내리기에 아이들과 안전성에 대해 고민이 많고 걱정이 되었다. 그러나 매주 숲으로 놀이 공간을 확장하여 놀이를 이어 나가니 유아들이 숲 놀이를 하며 안전한 놀이 방법을 스스로 생각하고 놀이를 즐기는 모습을 볼 수 있었다. 숲에서 자연을 직접 느끼고 자연물로 자유롭게 탐색하고 놀이하면서 즐기고 배우는 모습을 볼 수 있었다.

놀이를 통한 배움

- **유아**: 친구와 놀이 속에서 즐거움을 찾아나가는 **'성취감'**
- **교사**: 유아의 놀이를 격려하며 지지하는 **'협력자'**

• 숲 놀이터로 놀이공간 확장: 나뭇잎 빨래 놀이

"우리가 만든 밤 하늘"

〈유아가 제작한 자료를 이용한 놀이 / 책상의 변신〉

"밤하늘에 볼 수 있는 빛은 무엇이 있을까?"
"반짝반짝 빛나는 별이요."
"달도 볼 수 있어요."
"우리 교실에서 별을 보려면 어떻게 해야 할까?"
"지금은 햇빛이 있어서 별을 볼 수 없는데..."
"불을 끄면 별이 보일 것 같아요."
"우리도 별 그려봐요."
"검정색 종이 깔아주세요."
"선생님이 별처럼 빛나는 펜이랑 별 스티커를 줄게 너희들이 별을 표현해줘."
"별 그리기 어려워요."
"선생님이 알려줄게. 따라서 그려보자."
"삼각형을 그리고 뒤집어서 또 삼각형을 그리니까 별이 그려진다."
"이제 또 불 끄고 별 보이는지 놀이해요."

유아의 관심과 교사의 지원

- **관심**: 별 동영상 보며 별 관찰하기, 책상에 별 그림 그리기, 불 끄고 별 감상하기
- **지원**: 별 동영상, 별 본 경험 이야기 나누기, 책상에 검정 전지 깔아 제공하기, 다양한 별 그림 도안, 별 그리는 방법 안내, 야광 별 스티커, 별 스팽글, 형광 물백묵, 반짝이 물백묵, 알전구, 시트지, 검정 비닐

교사의 생각

- 밤하늘의 별을 본 경험을 떠올리며 별 동영상을 보며 이야기를 나누다가 유아들이 교실에도 밤하늘의 별을 구성해 보고 싶어 하여 책상에 전지를 깔아 별을 표현한 뒤 책상을 양쪽에 세워 위에 검정 비닐을 덮어 캄캄한 밤을 구성해 보았다. 유아들이 놀이에 즐겁게 참여하는 모습을 보였으며, 1학기에 해저 터널 놀이를 해 본 경험을 떠 올리며 약속과 질서를 지키며 놀이에 참여하는 모습을 보였다.

놀이를 통한 배움

- **유아**: 놀이 속 즐거움을 찾아 배우는 **'주체자 & 탐구자'**
- **교사**: 유아의 놀이를 위해 끊임없이 연구하며 노력하는 **'책무성'**

• 별 감상하기 대그룹 활동

• 책상에 별 그림 그리고 밤하늘의 별 놀이 즐기기

"우리 불 끄고 놀이해요!"

〈유아가 제작한 자료를 이용한 놀이 / 유아 주도의 놀이〉

"오늘도 불 끄고 놀이해요!" "설렌다." "불 끄고 놀이하는 거 설레지 않아?" "어두우면 전구로 밝게 하면 돼!"	"전구에 종이컵 넣으니까 종이 됐어." "종이컵으로 전구 탑도 쌓아보자." "여기 안으로 들어와 봐 여기 안에서 방처럼 블록 놀이도 할 수 있어." "여기 우리만의 공간 생겨서 진짜 좋다."

유아의 관심과 교사의 지원

- **관심**: 불 끄고 놀이 즐기기, 나만의 공간에서 또래와 놀이하기
- **지원**: 불 끄고 전구 제공하기, 다양한 색의 알전구, 책상 세워서 여러 공간 제공하기, 전구 책상에 붙이고 책상 세우기, 종이컵, 라이트판, 책상 세워서 놀이할 때에 안전 정하고 실천하기

교사의 생각

- 불을 끄고 놀이하면 위험할 거라 생각하였지만 유아들은 스스로 안전하게 놀이하는 방법을 알고 지키며 놀이하는 모습을 보였으며, 불 끄고 놀이하며 우리에게 이로운 빛과 해로운 빛에도 관심을 갖고 알아보며 놀이 속 배움을 알아가는 모습을 볼 수 있었다.

놀이를 통한 배움

- **유아**: 놀이 속 즐거움을 찾아 배우는 '**주체자 & 탐구자**'
- **교사**: 유아의 놀이를 위해 끊임없이 연구하며 노력하는 '**책무성**'

• 라이트판에 그림그리기

• 책상 세운 공간에서 전구로 불을 밝혀서 놀이하기

"그림자놀이"

〈유아가 발견하여 시작된 놀이〉

"우와! 전등을 비추니까 색이 보여." "진짜 신기하다." "여기 내 것은 파란색도 보여." "나는 빨간색을 많이 붙여서 빨간색만 보인다." "액자도 보여."	"여기 그림자가 생겼어!" "나 여우 만들 수 있는데..." "나는 늑대도 만들 수 있어." "늑대가 여우를 잡아먹는다!" "또 손으로 그림자 만들 수 있는 방법 있어요?"

유아의 관심과 교사의 지원

- **관심**: 전등으로 투영되는 빛 관찰하기, 그림자 만들기, 그림자놀이
- **지원**: 개인 손전등, 액자틀, 셀로판지, 우주/행성/별똥별/별 일러스트 출력물, OHP 필름, 투영되는 빛을 보며 이야기 나누기, 그림자를 만들 수 있는 방법 안내, 종이, 모양 펀치, 전구에 비춰서 나오는 그림자 모양에 대해 이야기 나누기

교사의 생각

- 전등으로 놀이하는 유아들에게 셀로판지를 제공하자 투영되는 빛에 관심을 갖는 모습, 손으로 그림자를 만드는 방법, 모양 펀치 그림자 만들기를 알려주었다. 교사가 놀이를 관찰하며 유아들의 놀이의 연계와 확장을 위해 교사의 적절한 지원이 놀이 속에 큰 영향을 미치고 놀이의 활성화에 큰 요소가 된다는 것을 느낄 수 있었다.

놀이를 통한 배움

- **유아**: 놀이 속 즐거움을 찾아 배우는 '**주체자 & 탐구자**'
- **교사**: 유아의 놀이를 위해 끊임없이 연구하며 노력하는 '**책무성**'

• 전등으로 투영되는 빛 관찰하기

• 손 그림자/ 모양 펀치 그림자 만들어 놀이하기

"어메이징 우주탐험"

〈명화 감상을 통한 놀이〉

"우와 ! 우주에서 지구가 보인다."
"별들이 엄청 많이 있어."
"별이 모이니까 천사가 보이는 것 같아."
"나는 나비가 엄청 많이 모인 것 같아."
"이 행성 이름은 뭐예요?"
"우리가 본 우주처럼 우주를 그림으로 표현한 화가가 있대!"

"잭슨 플록의 움직이는 그림처럼 우리도 우주의 모습을 표현해 볼까?"
"진짜 선이 생겼다."
"다른 색도 해볼래요."
"색이 섞이니까 진짜 우주처럼 보인다."

유아의 관심과 교사의 지원

- **관심**: 우주 영상 감상, 명화 감상, 액션 페인팅
- **지원**: 우주 영상 보며 우주의 모습 상상하여 이야기 나누기, 잭슨 플록의 「액션 페인팅」, 화지, 트레이, 수채화 물감, 숟가락, 통, 탱탱볼, 알전구

학습공동체의 협의

- **고민**: 역동적인 미술 표현을 지원해주고 싶다. 아이들이 빛 놀이에 관심을 갖고 있는데 단순한 재료와 자주 사용하는 재료 외에 색다른 도구나 재료로 미술 활동을 지원해 주고 싶다.
- **협의**: 빛을 표현한 명화를 참고해 보는 것은 어떨까? 명화, 화가에게 아이디어를 얻어서 유아들과 명화 감상과 더불어 직접 화가도 되어보고, 색다른 도구에 대한 아이디어가 떠오르지 않을까?

놀이를 통한 배움

- **유아**: 놀이 속 즐거움을 찾아 배우는 **'주체자 & 탐구자'**
- **교사**: 유아의 놀이를 위해 끊임없이 연구하며 노력하는 **'책무성'**

• 우주의 모습 영상으로 감상하기

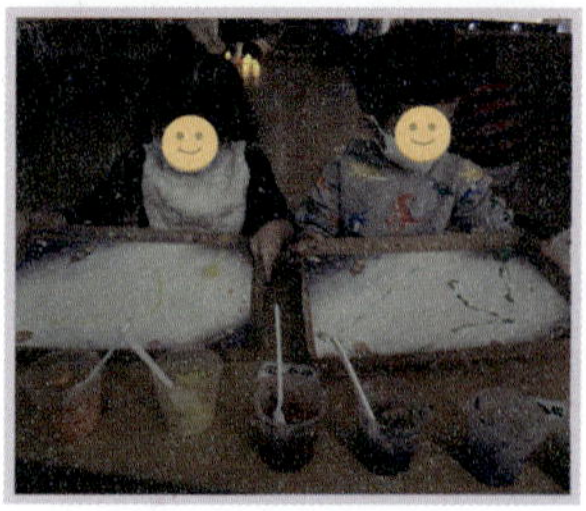

• 잭슨 플록 '액션페인팅'처럼 탱탱볼로 액션페인팅 하기

5. 놀이지원을 위한 가정연계

가정과의 협력사항

- 매주 놀이 story를 통한 놀이 흐름과 활동 안내
- 키즈노트를 통한 주제 놀이 흐름에 대한 안내 및 사진 공유
- 놀이 진행을 위한 관련 그림책, 놀잇감 지원 요청
- 우리 가족 구성원이 좋아하는 교통기관 활동지 배부/자연물 줍기 가정연계
- 주말지낸 이야기, 유아와 가족의 물놀이 경험 사진 키즈노트로 공유

가정연계를 통한 놀이 전개

- 가정 지원 그림책으로 놀이의 관심과 사전경험 이끌기
- 가정에서 가져온 재활용품으로 자동차 만들기
- 가정에서 지원받은 캐리어, 기내식, 교통기관 놀잇감으로 비행기 놀이 진행
- 우리 가족이 좋아하는 교통기관 소개하며 이야기 나누기
- 가정에서 지원받은 물놀이용품(물안경, 수건, 오리발, 구명조끼, 튜브, 선글라스 등)으로 여름 놀이 진행
- 우리 가족과 유아의 주말지낸이야기, 물놀이 사진 보며 물놀이 경험 이야기 나누기
- 주말 동안 가족과 함께 주운 자연물 또래에게 소개하고 함께 놀이하기

가정연계의 효과

- 놀이에 대한 관심과 놀이 속 교육적 배움이 일어나는 모습에 대한 이해
- 놀이 공유를 통해 가정 지원 증가로 놀이의 즐거움 향상
- 적극적인 가정의 관심과 지원물품으로 인해 교사의 놀이지원에 대한 에너지

• 가정연계 활동지

• 재활용품으로 만든 캐리어

• 놀이와 관련된 가정지원물품으로 놀이

Ⅳ. 유아 놀이중심

만 4세반

해·달들반 놀이 흐름

한 눈으로 보는 1학기 놀이과정

3월

만나서 반가워

해들 마을로 놀러오세요
칙칙폭폭! 해들 기차를 타고 가자!

4월

봄을 찾으러 가자!

봄에 볼 수 있는 꽃과 나무
봄 꽃을 좋아하는 나비

5월

다양한 집이 있어요

나무 집과 수중가옥
우리 가족이 살고 싶은 집

6월

나는 나답게!

다양한 직업이 있어요
우리는 모두 옷 디자이너!

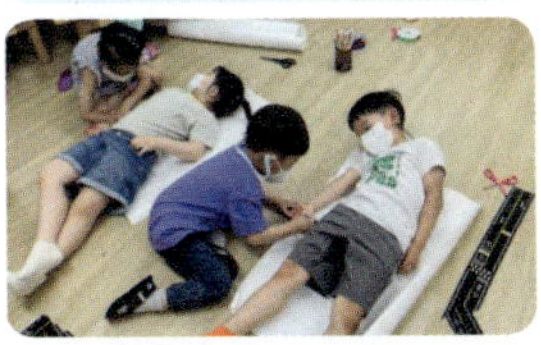

7월

우리 모두 특별해!

관악산 숲, 소방서, 경찰서, 병원
해들 네일아트, 미용실

8월

해들 사파리로 오세요!

사육사가 되어보아요
다양한 동물이 사는 해들 사파리

1. 놀이1 우리는 모두 특별해.

놀이환경 구성

우리 모두 다 할 수 있어!

놀이 중 "여긴 남자끼리만 놀 수 있어!", "여자는 분홍색만 입는 거야."라고 이야기를 하는 모습을 보이며 고정화된 성 관념을 가지고 행동과 태도를 형성하는 모습을 보여 올바른 성 역할에 대해 인식하고 놀이 속에서 자연스럽게 이루어질 수 있도록 『분홍 소녀, 파랑 소년』 그림책을 통해 남자와 여자 모두 특별하다는 내용에 대해 관심을 가지며 놀이가 시작된다.

해 · 달들반 교실 상황

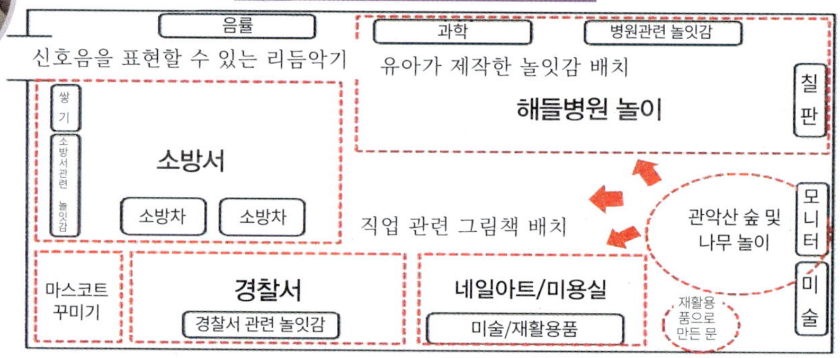

해 · 달들반의 모습

- 교실은 유아들의 직업 놀이에 관련된 영역들로 구성한 후 특정 영역을 빼고 영역의 구분 없이 직업 관련 놀잇감을 배치하여 놀이가 진행된다.
- 유아들이 재활용품으로 만든 놀잇감을 배치하고 숲과 연계하여 교실에 숲과 나무를 구성하여 다양한 직업놀이와 연계 및 확장되어 놀이가 진행된다.
- 교실의 책상이 필요하지 않을 때에는 책상을 밖으로 빼놓기도 하고, 책상 위에서 또는 책상을 뒤집어 놀이를 진행하기도 한다.

옷의 색깔과 연계된 관심의 시작

"왜 남자는 파랑, 여자는 핑크야?"

"원피스를 입은 내 그림자"
내 그림자 꾸미기

"바지를 입은 소녀"
디자이너가 되어 옷 디자인 하기

"관악산 숲에 불이 났어!"
숲과 연계한 직업 놀이

"너의 꿈은 무엇이니?"
유아들이 제작한 놀이자료

"도와주세요! 경찰관 선생님"
유아들이 제작한 놀이자료

"아픈 사람은 모두 해들병원으로 오세요~"
가정과 연계한 놀이자료

"해들 미용실/네일아트 받으러 오세요~"
다양한 미술 재료와 역할놀이의 연계

"왜 남자는 파랑, 여자는 핑크야?"

〈친구와 함께 그림책 읽기 활동〉

"나 오늘 핑크색 원피스 입고 왔다!"
"나는 파란색 입었는데!"
"너는 왜 남자 색깔 입었어?"
"왜 파란색은 남자 색깔이야?"
"여자는 핑크색이고 남자는 파란색이잖아."
"아니야. 여자도 파란색 입을 수 있어."
"우리 교실에 있는 책 중에 파란 소년 분홍 소녀 책 있잖아."
"우리 선생님한테 읽어달라고 하자."
"선생님~ 우리 이거 책 읽어주세요."

유아의 관심과 교사의 지원

- **관심**: 남자의 색깔과 여자의 색깔에 대한 관심
- **지원**: 자신이 입고 온 옷의 색깔과 원피스를 입은 것을 보며 남자 색깔, 여자 색깔로 나누며 이야기를 나누는 모습을 보이며 교실에 있는 『분홍 소녀 파랑 소년』 그림책 읽기 활동 지원, 양성평등에 관한 이야기 나누기 지원, 다양한 색깔 스카프 지원, 다양한 색깔의 물감

교사의 생각

- 유아들이 성 역할에 대한 고정관념을 가지고 있는 모습을 보여 함께 그림 책을 읽고 이야기를 나눈 후 '어떻게 하면 유아들의 성 고정관념을 깰 수 있을까?'에 대한 고민을 하였고, 교실에서 볼 수 있는 색깔, 다양한 물감과 스카프를 이용하여 유아들의 고정관념을 깰 수 있도록 지원하였다.

놀이를 통한 배움

- **유아**: 내가 발견한 놀이 **'성취감'**
  친구와 함께 의견을 나누며 놀이하는 **'협동심'**
- **교사**: 유아의 놀이를 위해 끊임없이 연구하며 노력하는 **'책무성'**

• 여러 가지 색깔 스카프를 이용한 신체표현

• 내가 좋아하는 색을 이용한 데칼코마니

"내 그림자를 볼래?"

〈나의 상상을 자유롭게 표현한 놀이 / 그림책 읽기 활동〉

"어? 선생님! 이거 무슨 책이에요?"

"색깔 책인가 봐! 나도 읽을래."

"우리 어제 색깔 놀이했잖아. 그래서 색깔 책 가져왔나 봐."

"내 그림자도 여러 가지 알록달록 색깔이었으면 좋겠어."

"우리 그림자는 알록달록하게 못 해요?"

"우리가 색종이를 붙여주면 어때?"

"여기에 좋아하는 것도 써주면 어때?"

"우리는 모두 특별하니까 제목은 '우리 모두 특별해'로 하자!"

유아의 관심과 교사의 지원

- **관심**: 다양한 색깔에 대한 관심, 그림자에 대한 관심
- **지원**: 『내 그림자는 핑크』 그림책 지원, 양성평등에 관한 이야기 나누기 지원, 유아들의 흥미를 반영하여 다양한 색깔의 그림자를 만들어 볼 수 있도록 지원, OHP 필름, 물풀, 다양한 색깔의 습자지, 유아들이 원하는 포즈로 찍은 사진 지원, 내가 좋아하는 것에 대해 이야기 나누기 지원, 글자로 적어볼 수 있도록 점선 글자 지원, 사진 지원

교사의 생각

- 그림책을 읽어보고 유아들이 자신의 그림자에 관심을 보이며 어떻게 하면 유아들의 놀이제안처럼 다양한 색깔의 그림자를 만들 수 있을지 고민하다 자신이 원하는 포즈로 사진을 찍은 후 OHP 필름을 이용하여 미술 표현을 통해 즐거움을 느끼며 직접 표현할 수 있도록 지원하기로 하였다.

놀이를 통한 배움

- **유아**: 내가 만든 놀잇감 내가 발견한 놀이 **'성취감'**
  놀이에 몰입하며 상상하고 자유롭게 표현하는 **'자율성'**
- **교사**: 유아의 놀이를 격려하며 지지하는 **'협력자'**

• 내가 좋아하는 것과 잘하는 것을 그림으로 표현하기

“원피스를 입은 소년, 바지를 입은 소녀”

〈친구와 함께 협동한 놀이 / 유아가 제안한 놀이〉

“오늘은 선생님이 너희들이랑 같이 읽어보려고 책을 가지고 왔어요. 선생님이랑 같이 책 읽고 싶은 친구들은 여기로 오세요~” “어디에서 책을 읽으면 좋을까요?” “선생님 오늘은 밖에서 읽으면 어때요?” “우리 오늘 계단에서 읽어요!”	“남자도 원피스를 입고 다닐 수 있어.” “선생님 우리가 남자도 입을 수 있는 옷 만들어 보면 어때요?” “우리가 진짜 입을 수 있는 옷을 만들자!” “진짜 입을 수 있는 옷은 어떻게 만들어?” “목에 끈을 붙이면 입을 수 있어.” “우리가 디자이너가 된 것 같아!”

유아의 관심과 교사의 지원

- **관심**: 남자와 여자 모두 입을 수 있는 원피스와 옷 디자인에 대한 관심
- **지원**: 『원피스를 입은 아이』 그림책 지원, 전지와 다양한 그리기 재료, 꾸미기 재료 지원, 리본 끈 지원, 전지로 직접 입을 수 있는 옷을 만드는 방법에 대한 언어적 지원 및 모델링

교사의 생각

- 유아들이 그림책을 읽고 성별에 따라 정해진 옷이 아니라 모두 다양한 옷을 입을 수 있다는 것에 함께 생각해 보며 틀린 것이 아니라 다른 것이라고 인식시켜 줄 수 있도록 이야기를 나누어 보았다.
- 남자와 여자가 모두 입을 수 있는 옷을 디자인하는 놀이를 제안했다. 교사는 어떻게 하면 직접 입을 수 있는 옷을 만들 수 있을지 함께 고민하며 유아들이 스스로 생각해 볼 수 있도록 언어적 지원을 했다.

놀이를 통한 배움

- **유아**: 내가 만든 놀잇감 내가 발견한 놀이 ‘**성취감**’
  친구와 함께 문제 상황에 대해 이야기하며 해결하는 ‘**문제해결능력**’
- **교사**: 유아의 놀이를 격려하며 지지하는 ‘**협력자**’

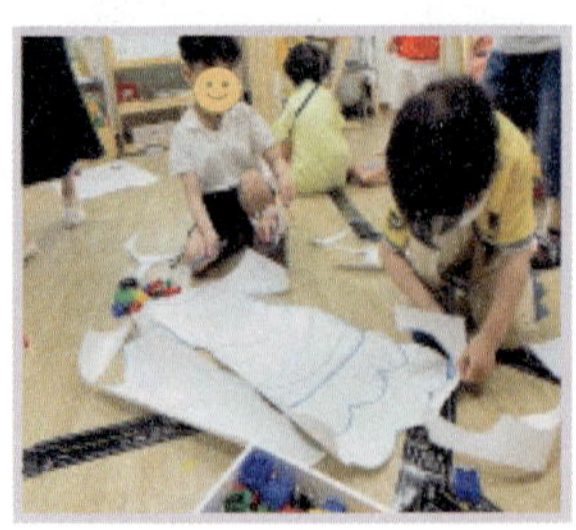

• 성별에 관계없이 내가 입고 싶은 원피스와 바지를 디자인하여 역할놀이 즐기기

"너의 꿈은 무엇이니?"

〈유아가 제안한 놀이〉

"어제 집갈 때 경찰아저씨 봤어요."
"우리 경찰 놀이할래?"
"경찰은 남자만 할 수 있어."
"아니야! 우리 엄마, 아빠는 다 경찰이야. 여자도 경찰 할 수 있어."
"맞아 나도 여자 경찰관 본 적 있어."

"남자, 여자 모두 다양한 직업을 할 수 있지요. 다들 어떤 직업을 가지고 싶어요?"
"나는 꿈이 간호사야."
"우리 그럼 병원놀이 할까?"
"나는 소방관이 꿈이야."
"우리 불났다고 하고 소방관 놀이도 하자."

유아의 관심과 교사의 지원

- **관심**: 남자, 여자 모두 할 수 있는 다양한 직업
- **지원**: 유아들이 직업에 대해 관심을 가져 성별과 관계없이 모든 직업을 할 수 있다고 이야기 나누기 및 언어적 지원, 유아들이 하고 싶은 직업에 대해 이야기를 나눈 후 교실 및 환경을 꾸며볼 수 있도록 지원

학습공동체의 협의

- **고민**: 유아들이 남자가 할 수 있는 직업, 여자가 할 수 있는 직업에 대한 고정관념을 가지고 있는 것 같다. 어떻게 하면 고정관념을 없앨 수 있을까? 또한 '경찰 아저씨'라고 표현하는 말을 어떻게 성별과 관계없이 부를 수 있는 말이 있을까?
- **협의**: 유아들이 직접 놀이 속에서 다양한 직업을 경험하게 해주면 어떨까? 유아들이 직접 하고 싶은 직업을 골라 놀이할 수 있도록 환경을 구성해 주고 다양한 놀잇감을 지원해 주면 좋을 것 같다. 또한 '경찰관 선생님'이나 '경찰관님' 이렇게 성별과 관계없이 부를 수 있도록 교사가 모델링을 해주면 유아들도 자연스럽게 놀이 속에 변할 수 있을 것 같다.

놀이를 통한 배움

- **유아**: 친구와 함께 의견을 나누며 놀이하는 **'협동심'**
- **교사**: 유아의 놀이를 위해 끊임없이 연구하며 노력하는 **'책무성'**
  동료교사와 함께 고민하는 **'공동체의식'**

• 친구와 협동하여 기관 간판 표현하기

• 재활용품을 이용한 경찰차와 소방차 제작하기

"우리 반에 숲을 가져가자!"

〈숲과 연계한 놀이 / 기둥과 벽, 바닥을 이용한 놀이〉

"오늘 숲에 나오니까 정말 좋아요!"
"숲에 나오면 어떤 점이 제일 좋아요?"
"나무가 있어서 시원해요."
"우리반에도 숲이 있었으면 좋겠어요."
"숲을 우리반으로 가져갈 수 있는 방법이 없을까요?"

"나뭇잎이랑 나뭇가지, 흙 이런걸 교실로 가져가면 어때요?"
"종이 위에다가 열매도 올리자."
"내가 큰 나뭇가지를 주워왔어."
"이렇게 하니까 나무같은데?"
"교실에 나무도 만들면 좋겠다!"

유아의 관심과 교사의 지원

- **관심**: 관악산 숲, 나뭇잎, 나뭇가지, 열매, 숲에서 볼 수 있는 자연물
- **지원**: 숲에서 볼 수 있는 자연물에 대한 이야기 나누기, 자연물을 교실에 가져갈 수 있는 방법에 대한 이야기 나누기, 시트지, 전지 지원, 유아들과 구성한 숲을 교실 벽에 배치하여 지원, 기둥을 어떻게 나무로 만들면 좋을지에 대한 이야기 나누기, 물감, 숲에서 주워온 나뭇가지, 도화지, 색지, 한지

교사의 생각

- 숲 놀이활동 중 유아들이 너무 좋아하는 숲을 교실로 가져가고 싶다고 제안하였는데 시간이 지나면 자연물들이 부서지거나 색깔이 변하지 않도록 가져올 수 있는 방법에 대해 함께 이야기를 나누어 보았다.
- 전지 위에 우리 반만의 숲을 구성해 보고 그것을 교실 벽에 배치해 주어 교실을 숲으로 구성하였고, 교실의 기둥을 어떻게 숲으로 구성하면 좋을지 이야기를 나눈 후 숲에서 볼 수 있는 색깔에 대해 이야기를 나누며 물감을 이용하여 손바닥 찍기를 통해 나무를 구성해 볼 수 있도록 지원하였다.

놀이를 통한 배움

- **유아**: 내가 만든 놀잇감 내가 발견한 놀이 '**성취감**'
  친구와 함께 의견을 나누며 놀이하는 '**협동심**'
- **교사**: 유아의 놀이를 격려하며 지지하는 '**협력자**'

• 숲에서 수집한 자연물과 전지 위에 표현하는 관악산 동산의 모습

"관악산 숲에 불이 났어!"

〈재활용품을 이용한 놀이 / 숲과 연계한 놀이 / 기둥과 벽, 바닥을 이용한 놀이〉

"우리 소방관 놀이해요."
"소방관 책 보니까 옷이랑 산소통도 매고 출동해야 돼."
"산소통이 없는데 어떡하지?"
"그럼 우리가 산소통을 만들어 주면 어떨까요?"
"좋아요! 뭐로 만들어요?"
"여기 재활용품이 많이 있는데 재활용품으로 만들어보면 어떨까요?"
"나는 우유갑으로 만들래요."
"산소통 사진 보여주세요."
"우리가 만든 산소통 매고 우리가 만든 소방차 타고 출동하자."
"불도 있었으면 좋겠어."
"불은 뭘로 만들지?"

유아의 관심과 교사의 지원

- **관심**: 관악산 숲, 소방관, 소방관 옷, 재활용품으로 만든 소방차, 산소통, 불
- **지원**: 다양한 소방관의 출동 모습, '불이 났을 때' 안전교육, 화재 상황에 대처하는 방법에 대해 이야기 나누기, 화재 상황에 119에 신고하는 방법 이야기 나누기, 소방관과 관련된 그림책 지원, 소방관과 관련된 놀잇감(소방관 옷, 모자, 소화기 지원), 재활용품으로 놀이에 필요한 물품 만들어 볼 수 있도록 지원, 산소통 사진, 소방차 사진 등 지원

학습공동체의 협의

- **고민**: 유아들이 소방관 놀이를 하며 진짜 '불'이 있었으면 좋겠다고 하는데 어떻게 '불'을 표현해주면 좋을까?
- **협의**: 유아들이 직접 불을 꺼 볼 수 있도록 불이 있었으면 좋겠다고 생각했다면 유아들이 다양한 블록으로 불을 만들어보거나 직접 그림으로 그려서 불을 표현해 줄 수 있도록 지원해 주면 좋을 것 같다. 또한, 직접 불을 붙였다 떼었다 할 수 있게 지원해 준다면 확장된 놀이가 이루어질 것 같다.

놀이를 통한 배움

- **유아**: 내가 만든 놀잇감 내가 발견한 놀이 **'성취감'** / 친구와 함께 의견을 나누며 놀이하는 **'협동심'**
- **교사**: 동료교사와 함께 고민하는 **'공동체의식'**

• 숲에 불이 났을 때를 역할극으로 표현하기

• 우유갑을 이용한 '불' 제작

"도와주세요! 경찰관 선생님"

〈유아가 제안한 놀이/ 친구와 함께 협동한 놀이〉

"선생님! 친구들이랑 같이 경찰관 놀이 하려고 집에서 가지고 왔어요."

"나는 경찰관 책도 가지고 왔어."

"경찰관은 도둑을 잡는 사람이잖아."

"경찰관님은 도둑이나 나쁜 일을 한 사람을 잡기도 하지만 도움이 필요한 사람들을 도와주는 일도 해요."

"여기 도움이 필요해. 도와주세요! 경찰관 선생님!"

"어디에요? 지금 출동할게요!"

"여기는 해들반! **어린이집으로 출동 바란다. 오버!"

유아의 관심과 교사의 지원

- **관심**: 경찰관, 경찰관이 하는 일
- **지원**: 유아들이 경찰관이 하는 일에 대해 관심을 보여 경찰관이 하는 일과 관련된 영상 지원 및 이야기 나누기, 경찰관 놀이에 필요한 놀잇감 지원, 경찰관 옷을 펠트지로 직접 꾸며보고 만들어 볼 수 있도록 지원, 경찰관이 하는 일에 관한 교사의 모델링, 재활용품으로 만든 경찰차

교사의 생각

- 유아들이 경찰관 놀이에 흥미를 보여 가정과 연계하여 가정에 있는 관련 놀잇감을 지원받아 유아들의 놀이가 확장될 수 있도록 지원하였다.
- 경찰관은 도둑을 잡는 사람으로 생각하는 유아들을 보고 경찰관이 하는 다양한 일들에 대해 이야기를 나누며 놀이에서 표현될 수 있도록 모델링을 통해 유아들이 서로를 도우며 경찰관 놀이가 진행되는 모습을 보였다.

놀이를 통한 배움

- **유아**: 내가 만든 놀잇감 내가 발견한 놀이 '**성취감**'
  친구와 함께 도우며 놀이하는 '**협동심**'
- **교사**: 유아의 놀이를 격려하며 지지하는 '**협력자**'
  유아와 함께 즐겁게 놀이하는 '**참여자**'

• 내가 직접 디자인하는 경찰관 제복

• 유아가 제작한 놀잇감으로 즐기는 역할극

"아픈 사람은 모두 해들병원으로 오세요"

〈유아가 제안한 놀이 / 친구와 함께 협동한 놀이〉

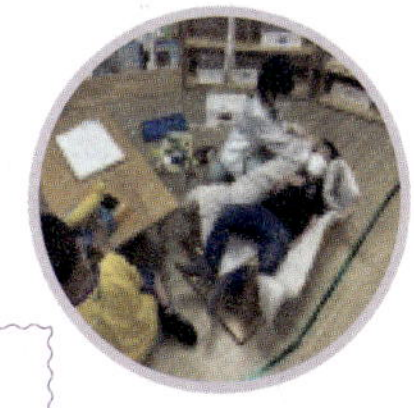

"선생님 관악산 숲에 불이 나서 여기 다쳤어요!"
"다친 사람은 어디로 가야 할까요?"
"병원으로 가야 해요!"
"의사 선생님! 간호사 선생님! 여기 다친 사람이 있어요."
"내가 의사할게."
"불에 닿아서 다쳤군요!"
"주사를 맞아야 할 것 같아요."
"진료 끝났어요~ 집에 갈 때 약도 꼭 받아 가세요."

유아의 관심과 교사의 지원

- **관심**: 병원, 의사, 간호사, 약사, 환자
- **지원**: 유아들이 병원놀이를 할 때 역할에 맞게 상호작용할 수 있도록 모델링, 병원놀이가 이루어질 수 있는 공간 확보 및 유아들과 이야기 나눈 후 직접 마스킹 테이프로 영역 구분, 병원놀이 관련 놀잇감 지원, 놀이 상황 속 다친 사람들이 병원으로 갈 수 있도록 언어적 지원

교사의 생각

- 유아들이 병원놀이를 할 때 다양한 역할에 대해 생각해 보고 놀이 속에서 역할에 맞게 상호작용할 수 있도록 교사가 모델링을 통해 자연스럽게 습득할 수 있도록 지원하였다.
- 유아들이 놀이 속에서 남자 간호사, 여자 의사 등과 같이 성별을 나누지 않고 놀이가 진행되는 모습을 보였다.

놀이를 통한 배움

- **유아**: 놀이에 몰입하며 상상하고 자유롭게 표현하는 **'자율성'**
  친구와 함께 의견을 나누며 놀이하는 **'협동심'**
- **교사**: 유아의 놀이를 격려하며 지지하는 **'협력자'**
  유아와 함께 즐겁게 놀이하는 **'참여자'**

• 의사의 진료 역할놀이

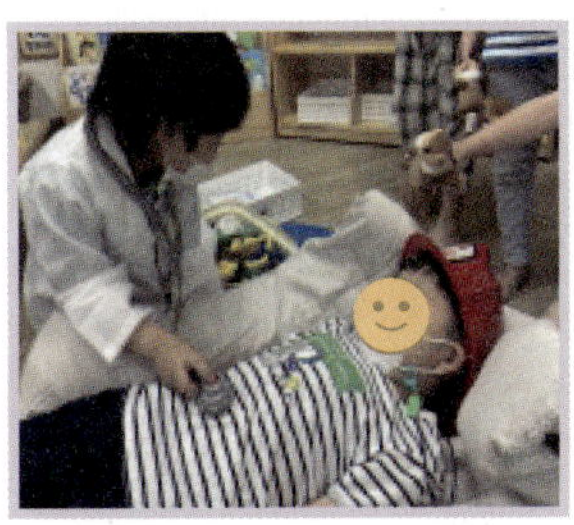

• 소방관이 다쳤어요

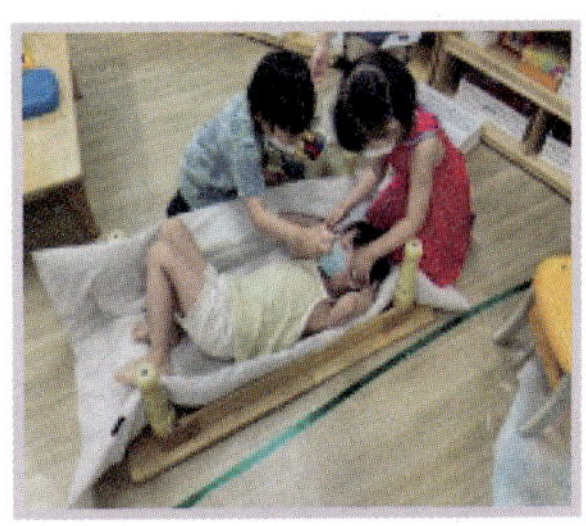

• 응급실의 상황 표현

"해들 미용실/네일아트 받으러 오세요~"

〈가정과 연계한 놀이 / 친구와 함께 협동한 놀이〉

"제가 머리 해줄게요."

"머리 어떻게 해줄까요?"

"여기 미용실인가요? 저는 머리가 상해서 조금 다듬어 주세요."

"네~ 잠시만요! 그럼 가운이 필요해요."

"이걸로 가운하면 되겠다."

"머리도 감겨 줄게요. 근데 머리 감으려면 물이 필요한데 소방차 호스로 하면 되겠다!"

"선생님 손톱에 매니큐어 발랐어요?"

"우리 네일아트 놀이도 해요!"

"우리 집에 매니큐어 많아."

"나도 매니큐어 바르고 싶어."

"남자들도 매니큐어 바르러 와."

"나는 분홍색 발라줘."

유아의 관심과 교사의 지원

- **관심**: 미용실 놀이, 네일아트 놀이, 매니큐어 놀이
- **지원**: 미용실 관련 놀잇감 지원, 스카프 및 가운 대체 놀잇감 지원, 유아용 매니큐어 지원, 소방차 호스를 미용실 놀이에 사용할 수 있도록 지원, 간판을 만들 수 있도록 재료 지원, 손님과 헤어 디자이너, 네일아트 디자이너 역할에 대한 모델링

교사의 생각

- 유아들이 양성평등을 놀이 속에서 자연스럽게 경험하며 함께 남자, 여자를 나누지 않고 각자 원하는 다양한 색깔을 손톱에 발라보고 서로 발라주며 놀이할 수 있고, 남자, 여자 모두 헤어 디자이너와 네일아트 디자이너가 있을 수 있다는 인식을 가질 수 있도록 지원해 주어야겠다.

놀이를 통한 배움

- **유아**: 놀이에 몰입하며 상상하고 자유롭게 표현하는 **'자율성'**
  친구와 함께 의견을 나누며 놀이하는 **'협동심'**
- **교사**: 유아의 놀이를 격려하며 지지하는 **'협력자'**
  유아와 함께 즐겁게 놀이하는 **'참여자'**

• 원하는 머리 디자인을 놀이로 표현하기

• 알록달록 나의 네일아트

• 네일아트 샵을 만들었어요

2. 놀이2 사파리로 오세요.

놀이환경 구성

주말에 동물원에 다녀왔어

유아들이 주말에 동물원에 다녀온 경험에 대해 이야기를 나누고, 자신이 동물원에 다녀왔던 경험을 토대로 놀이 속에서 자연스럽게 놀이가 이루어지며 『재미없는 동물원』 그림책을 읽어보고 동물원에서 볼 수 있는 직업인 사육사, 다양한 동물들에 대해 관심을 가지며 놀이가 시작된다.

해 · 달들반 교실 상황

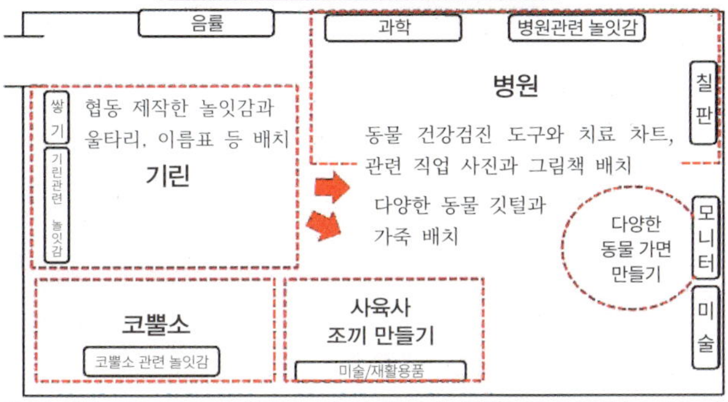

해 · 달들반의 모습

- 유아들의 직업 놀이에 관련된 영역들로 구성한 후 특정 영역을 빼고 영역의 구분없이 직업 관련 놀잇감을 배치하여 놀이가 진행된다.
- 유아들이 재활용품으로 만든 놀잇감을 배치하고 숲과 연계하여 교실에 숲과 나무를 구성하여 다양한 직업 놀이와 연계 및 확장되어 놀이가 진행된다.
- 교실의 책상이 필요하지 않을 때에는 책상을 밖으로 빼놓기도 하고, 책상 위에서 또는 책상을 뒤집어 놀이를 진행한다.

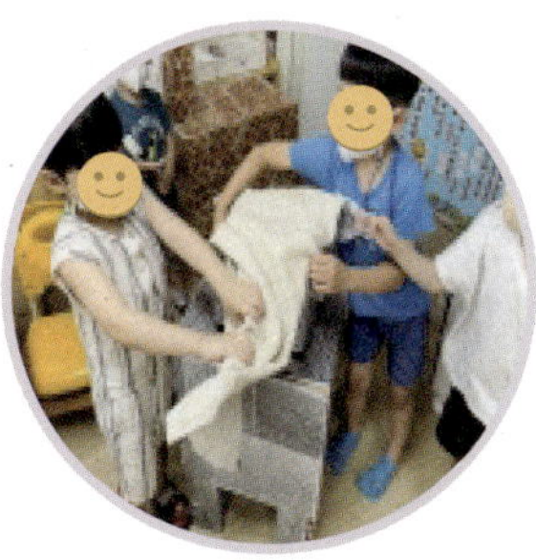

동물원에 다녀온 경험으로 관심의 시작

"내가 바로 사육사"
장애유아로부터 시작한 놀이

"우리가 키우는 동물, 기린과 코뿔소"
재활용품을 이용한 공동제작

"재미있는 동물원!"
그림책을 통해 전개된 놀이

"자연물로 만든 동물"
숲과 연계한 놀이

"해들반에 놀러온 동물 친구들"
교실 벽을 이용한 놀이

"해들반이 사파리 변신!"
천장과 기둥을 이용한 놀이

"정글에 사는 동물들"
유아가 제안한 놀이

"여기는 해들 사파리!"
배움이 일어난 놀이

"내가 바로 사육사!"

〈장애유아로부터 시작한 놀이 / 주말지낸 이야기를 통한 놀이〉

"주원아~ 주원아 ~주말에 뭐했니?"
"동물원"
"무슨 동물 봤어?"
"(사진을 보며) 코끼리, 원숭이, 호랑이, 얼룩말, 하마"
"우와! 하마가 먹이 먹고 있네?"
"먹이를 주는 사람은 누구야?"
"사육사가 뭐지?"
"동물 밥도 주고 아프지 말라고 해주는 거야."
"우리 반에도 기린이랑 코뿔소 있잖아~ 내가 먹이 주는데... 그럼 나 사육사네!"
"동물 돌볼 때 필요한 게 뭐가 있지?"

유아의 관심과 교사의 지원

- **관심**: 사육사가 되어 동물 돌보기
- **지원**: 사육사가 하는 역할에 대해 이야기 나누기, 기린과 코뿔소를 돌볼 때 필요한 소품 제작하기, 기린과 코뿔소가 사는 서식지(환경)와 먹이 등 관련 그림책 감상하기, 동물 이름 짓기, 동물들이 여름을 나는 방법을 알아보고 놀이를 통해 표현하기

교사의 생각

- 장애유아의 주말지낸 이야기를 통해 사진 속 하마의 먹이를 주는 '사육사'라는 직업에 대해 관심을 갖고 자발적으로 이야기를 나누는 모습을 보였다. 사육사가 하는 일을 알고 놀이로 표현하며 다양한 직업에 대한 인식을 넓히며 동물을 사랑하는 마음을 가질 수 있었다.

놀이를 통한 배움

- **유아**: 내가 만든 놀잇감 내가 발견한 놀이 '**성취감**'
  놀이에 몰입하며 상상하고 자유롭게 표현하는 '**자율성**'
- **교사**: 유아의 놀이를 격려하며 지지하는 '**협력자**'
  유아의 놀이를 위해 끊임없이 연구하며 노력하는 '**책무성**'

• 책상을 뒤집고 수중 사파리 구성하기

• 오늘은 코뿔소가 목욕하는 날 표현하기

• 기린에게 먹이주고 건강 살피기

"우리가 키우는 동물, 기린과 코뿔소!"

〈재활용품과 박스를 이용한 놀이 / 장애유아로부터 시작한 놀이〉

"친구들이 좋아하는 동물이 뭐가 있지?"
"어떻게 알 수 있어?"
"아! 투표하면 어때? 좋아하는 동물 이름 써서 내는 거야."
"나는 사자가 좋아."
"나는 기린! 키가 크잖아."

"우리 기린 이름도 지어주자."
"음... 기린은 무늬가 있으니까 얼룩이 어때?"
"다른 친구들한테도 물어볼까?"
"나이는 몇 살로 하지?"
"얘는 과일을 좋아한다고 하자!"

유아의 관심과 교사의 지원

- **관심**: 재활용품을 이용한 기린과 코뿔소 제작
- **지원**: 가정에서 지원 받은 재활용품과 원에서 사용한 재활용품, 기린무늬와 코뿔소 실물 사진과 무늬자료, 벽돌블럭, 기린과 코뿔소의 그림책 물리적 지원, 넓은 중앙공간 이용하여 또래들과 협동하여 공동제작이 이루어지도록 격려 및 함께 제작에 참여하기

교사의 생각

- 유아들이 선호하는 동물을 투표를 통해 높은 득표를 차지한 기린과 코뿔소를 자발적으로 제작할 수 있었다. 재활용품과 놀잇감을 이용한 제작으로 유아들이 다양한 아이디어를 내며 동물을 구성하는 모습을 보였다.

놀이를 통한 배움

- **유아**: 내가 만든 놀잇감 내가 발견한 놀이 **'성취감'**
  친구와 함께 의견을 나누며 놀이하는 **'협동심'**
- **교사**: 유아의 놀이를 격려하며 지지하는 **'협력자'**
  유아와 함께 즐겁게 놀이하는 **'참여자'**

• 친구들과 함께 박스와 벽돌블럭, 교구장을 이용한 코뿔소와 기린 제작하기

"재미없는 동물원? 재미있는 동물원!"

〈그림책을 통해 전개된 놀이〉

"재미 없는 동물원? 어떻게 동물원이 재미없을 수 있지?"
"여기 보니까 동물들이 싸우고 있네!"
"어? 동물들 표정이 안 좋아. 기분이 안 좋은가 봐"
"한번 읽어보자!"

"동물들마다 모두 잘하는 것이 다르니까, 서로한테 배우는 거야!"
"나는 인사를 잘하는데!"
"여기 원숭이도 인사를 잘한대."
"하마는 매일 칭찬을 해준대."

유아의 관심과 교사의 지원

- **관심**: 『재미없는 동물원』 그림책
- **지원**: 교사와 또래들이 도서방에서 함께 고른 『재미없는 동물원』 그림책, 그림책을 읽어 본 뒤 느낀점과 나의 생각 이야기 나누기, 그림책 결말에 따른 다음 이야기 재구성해보기, 동극 역할극 즐기기, 내가 잘하는 것과 부족한 것 이야기 나누기

교사의 생각

- 『재미없는 동물원』이라는 제목에 자연스럽게 이끌린 유아들의 제안으로 그림책을 읽어보며 다양한 동물이 가진 매력과 장점에 대해 알아보았다. 그림책을 통해 서로가 잘하는 것과 좋아하는 것이 다름을 이해하고 배려하려는 태도를 가질 수 있었다.

놀이를 통한 배움

- **유아**: 놀이에 몰입하며 상상하고 자유롭게 표현하는 **'자율성'**
- **교사**: 놀이 활성화를 위한 유아의 요구에 민감하게 반응하는 **'지원자'**
  유아의 놀이 속 배움을 이끄는 **'지원자'**

• 재미없는 동물원 동극 놀이 즐기기

• 재미없는 동물원 속 동물들 탐구하기

• 재미없는 동물원의 다음 이야기 구성하기

"해들반에 놀러 온 동물 친구들!"

〈교실 벽을 이용한 놀이〉

"우리 초식동물과 육식동물을 나누어서 해볼까?"
"음…아니면 물에 사는 동물, 바닥에 사는 동물, 하늘에서 사는 동물로 나눌까?"
"울타리도 있어야 안전해."
"나무도 만들어서 그늘을 만들자."

"흙은 털실을 붙여주자."
"동물원엔 바람도 불어야 시원해."
"나무에 열매도 만들어줘야 동물들이 배가 고플 때 먹지!"
"나는 종이접기로 동물 만들래."
"나는 그림으로 그려야지."

유아의 관심과 교사의 지원

- **관심**: 환경판을 이용한 동물원 구성하기, 여러 가지 동물의 종류와 서식지, 내가 좋아하는 동물과 동물원의 주변 환경 표현하기
- **지원**: 재활용품과 유아들이 생각하고 요청한 자료(마스킹 테이프, 털실, 색종이, OHP 필름 등), 교실 벽면의 환경판에 아세테이트지를 덧대어 자유롭게 붙이고 그리며 표현하도록 지원하기

교사의 생각

- 그림책을 읽고 난 뒤 환경판을 동물원으로 구성하는 아이디어를 유아들이 직접 제안하는 모습을 보였다. 동물원의 모습과 동물들이 사는 서식지를 고려하며 서로 이야기 나누며 의견을 조율하는 모습을 보였다.

놀이를 통한 배움

- **유아**: 친구와 함께 소통하며 놀이하는 즐거움 **'또래 친구와의 상호작용'**
  친구와 함께 의견을 나누며 놀이하는 **'협동심'**
- **교사**: 유아의 놀이를 격려하며 지지하는 **'협력자'**

• 자유롭게 꾸미고 표현하는 환경판

• 친구와 논의하며 함께 구성하는 사파리

"자연물로 만든 동물"

〈숲 놀이와 연계한 놀이 / 자연물을 이용한 놀이〉

"우리 지난번에 관악산 가서 나뭇가지랑 나뭇잎 주워 왔잖아." "난 열매도 주웠는데?" "여기 막대기로 동물 이름도 쓸 수 있겠다." "나는 토끼 만들어봐야지"	"사슴은 뿔이 Y자 모양이라 이 나뭇가지가 딱이야!" "난 동그라미 나무판으로 달팽이 만들어야지." "눈은 어떻게 하지?" "나뭇잎으로 무늬 만들 수도 있어!"

유아의 관심과 교사의 지원

- **관심**: 여러 가지 자연물, 여러 가지 자연물을 이용한 동물 표현하기, 동물 글자 적기
- **지원**: 수집하였던 자연물을 이용한 놀이 즐기기(사전경험), 여러 가지 모양의 자연물 탐색하기, 자연물로 내가 원하는 동물 표현하기, 자음과 모음 표현하기, 내가 만든 동물 이름 지어주기 및 소개하기

교사의 생각

- 직접 수집한 자연물을 이용하여 사전 경험을 통해 글자 모양 만들기, 동물 표현하기를 자발적으로 시도하며 즐기는 모습을 보였다. 자연물의 속성과 모양을 관찰하며 원하는 구체물을 만든 뒤 또래들과 이야기를 나누어 볼 수 있었다.

놀이를 통한 배움

- **유아**: 내가 만든 놀잇감 내가 발견한 놀이 **'성취감'**
  친구와 함께 의견을 나누며 놀이하는 **'협동심'**
- **교사**: 유아의 놀이를 격려하며 지지하는 **'협력자'**

• 숲에서 수집한 자연물을 이용한 동물 표현하기

"해들반이 사파리로 변신했어!"

〈친구와 함께 협동한 놀이 / 천장과 기둥을 이용한 놀이〉

"티비에서 봤는데 동물들은 정글 같은 곳에서 살아요."

"정글? 거기에는 독수리도 살겠네?"

"거기는 엄청 많은 동물들이 살아."

"우리 반에도 동물들이 사니까 우리 반도 정글로 만들면 어때?"

"어떻게 정글로 만들어?"

"선생님! 정글 사진 보고싶어요."

"이렇게 나뭇잎이랑 나뭇가지들을 많이 붙이면 돼."

"그럼 먼저 나뭇잎을 만들자."

유아의 관심과 교사의 지원

- **관심**: 정글, 교실 환경 구성, 나뭇잎, 나뭇가지
- **지원**: 정글 사진, 초록색 그물, 다양한 색깔의 색지, 나뭇잎 사진, 한지, 지끈, 다양한 자연물, 다양한 모양의 나뭇잎에 대한 언어적 지원, 정글을 교실 환경으로 꾸밀 때 필요한 재료에 대한 언어적 지원

교사의 생각

- 유아들이 정글과 사파리에 관심을 가지며 교실 환경 구성을 제안하여 어떻게 꾸미면 좋을지에 대해 이야기를 나누어 보았다.
- 유아들과 함께 재료실에 내려가 자신이 원하는 재료를 선택하여 유아들이 선택한 재료로 교실을 꾸며보기도 하였다.

놀이를 통한 배움

- **유아**: 친구와 함께 의견을 나누며 놀이하는 **'협동심'**
  친구와 함께 문제 상황에 대해 이야기하며 해결하는 **'문제해결능력'**
- **교사**: 유아의 놀이를 격려하며 지지하는 **'협력자'**

• 유아가 선택한 자료를 이용하여 제작하는 천장그물 사파리의 모습 표현하기

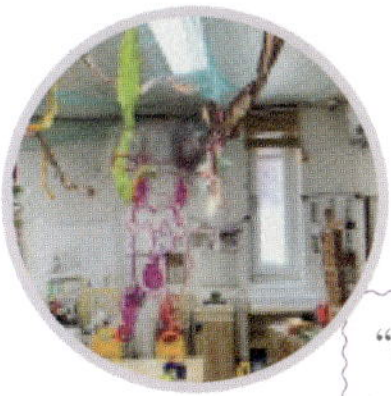

“정글에 사는 동물들도 만들자!”

〈천장을 이용한 놀이 / OHP 필름을 이용한 놀이〉

“정글에는 독수리도 살잖아.”
“저기 원숭이처럼 이렇게 매달리면 어때?”
“그럼, 우리 원숭이 그려서 붙여주자.”
“근데 원숭이 어떻게 생겼어?”

“선생님~ 원숭이 사진 보여주세요.”
“그 투명한 필름을 위에 놓고 그리면 똑같이 그릴 수 있어.”
“선생님 투명한 필름이 필요해요.”

유아의 관심과 교사의 지원

- **관심**: 정글에 사는 동물, OHP 필름, 원숭이, 독수리
- **지원**: 유아들이 원하는 동물 사진, OHP 필름, 매직, 낚싯줄, 테이프, 유아들이 자신이 그린 그림을 붙이고 싶은 곳에 붙여볼 수 있도록 지원

교사의 생각

- 정글에 사는 동물들의 그림을 어떻게 그릴지에 대해 이야기를 나누어보고 유아들이 제안한 OHP 필름을 제공하였다.
- 유아들은 자신의 경험을 토대로 놀이를 제안하는 모습을 보이고, 교사가 제공해 주자 유아들이 스스로 그림을 그려보고 잘라 자신이 원하는 곳을 선택하는 모습을 보였다.

놀이를 통한 배움

- **유아**: 내가 만든 놀잇감 내가 발견한 놀이 ‘**성취감**’
  친구와 함께 의견을 나누며 놀이하는 ‘**협동심**’
- **교사**: 유아의 놀이를 위해 끊임없이 연구하며 노력하는 ‘**책무성**’

• 필름을 이용한 정글 동물 디자인과 서식지를 표현하기

"여기는 해들 사파리!"

〈친구와 함께 협동한 놀이 / 물감을 이용한 놀이〉

"우리 여기 동물원 이름도 정하면 어때요?"
"이름을 뭐라고 하면 좋을까요?"
"해들반이니까 해들 동물원?"
"해들 사파리! 어때?"
"사파리 멋지다."

"우리 물감으로 꾸며줘요."
"저도 물감 하고 싶어요."
"물감으로 색칠하면 멋진 간판이 될 것 같아요."
"그럼 이제 간판을 만들어보자."

유아의 관심과 교사의 지원

- **관심**: 해들 사파리 간판 만들기
- **지원**: 도화지, 다양한 색깔의 물감, 팔레트, 붓, 낚싯줄, 테이프, 우드락, 유아들이 의견을 나누어 동물원 이름을 정해볼 수 있도록 언어적 지원, 유아들이 정한 동물원 이름 글자 적어볼 수 있도록 언어적 지원

학습공동체의 협의

- **고민**: 유아들이 간판을 꾸며주기를 원하는데 물감을 이용하여 조금 색다르게 만들어보고 싶다. 어떻게 꾸며주면 좋을까?
- **협의**: 유아들과 물감을 이용하여 색다른 간판을 꾸며주기를 원할 때 평소처럼 글자를 꾸미는 것이 아니라 도화지로 글자를 붙이고, 그 위에 물감으로 칠하여 도화지를 떼어본다면 '해들 사파리' 글자가 더 잘 보이지 않을까? 또한 진짜 사파리 같은 느낌이 날 것 같다.

놀이를 통한 배움

- **유아**: 내가 만든 놀잇감 내가 발견한 놀이 **'성취감'**
  친구와 함께 의견을 나누며 놀이하는 **'협동심'**
- **교사**: 유아의 놀이를 위해 끊임없이 연구하며 노력하는 **'책무성'**

• 글자를 직접 적어보고 물감을 이용하여 제작한 정글 사파리 간판과 전경

해·달들반 놀이 흐름

한 눈으로 보는 2학기 놀이과정

9월

우리나라 대한민국!

우리나라의 색과 전통
자랑스러운 한글

10월

알록 달록 가을 속으로

가을 열매로 놀이해요
가을은 정말 즐거워!

11월

빛과 그림자로 놀자

빛으로 만드는 해들반
색깔 그림자를 찾아봐!

12월

꽁꽁 추운 겨울이 왔어

다양한 모양의 눈 결정체
크리스마스에는 축복을

1월

나는야 해들 발명가

내가 발명가가 된다면?
내가 만드는 생활용품

2월

즐거웠던 해들반

행복했던 시간을 말해봐
우리가 7살이 된다면?

3. 놀이3 알록달록 가을 속으로

놀이환경 구성

온 세상이 노랗고 빨갛게 물들었어!

더웠던 여름 날씨에서 선선한 바람이 부는 가을 날씨로 계절이 변하며 유아들이 날씨와 계절의 변화를 인식하고 생활과 관련짓고 신체로 느껴본다. 놀이 속에서 우리나라의 사계절을 알아보고 내가 살고 있는 곳 주변의 변한 풍경과 단풍잎에 대해 관심을 가지며 놀이가 시작된다.

해 · 달들반 교실 상황

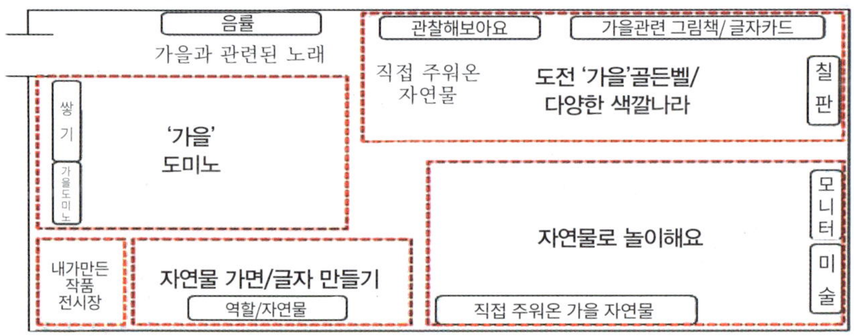

해 · 달들반의 모습

- 교실은 유아들의 가을과 관련된 영역들로 구성한 후 특정 영역을 빼고 영역의 구분 없이 가을 관련 놀잇감을 배치하여 놀이가 진행된다.
- 유아들이 직접 주워온 자연물을 배치하고 숲과 연계하여 교실에서 자연물로 다양한 놀이와 미술활동으로 연계 및 확장되어 놀이가 진행된다.
- 놀이에 책상이 필요하지 않을 때에는 책상을 밖으로 빼놓기도 하고, 책상 위에서 또는 책상을 뒤집어 놀이를 진행하기도 한다.

계절의 변화와 연계된 관심의 시작

"가을이 되니까 나뭇잎이 변했어!"

"자연물 액자 만들기"
숲과 연계한 미술놀이

"나뭇잎 가면으로 변신"
자연물을 이용한 역할놀이

"가을에 볼 수 있는 열매"
숲과 연계한 생태 놀이

"가을에 볼 수 있는 곤충은"
자유롭게 표현한 놀이

"알록달록 물드는 단풍잎"
유아가 제안한 놀이

"가을에 불어오는 바람"
친구와 함께 협동한 놀이

"어떤 색깔이 숨어 있을까?"
배움이 일어난 놀이

"가을이 되니까 나뭇잎이 변했어!"

〈지역사회와 연계된 활동〉

"선생님 지금 계절은 무슨 계절이에요?" "지금은 가을이에요~ 여름이랑 다르게 날씨가 변했지요." "더 시원해졌어요!" "가을은 나뭇잎 색깔이 변해요."	"맞아! 어제 꽃게 놀이터 갔는데 나뭇잎 색깔이 변했어." "노란색이랑 빨간색도 있었지." "나도 보고 싶어." "선생님 우리 밖에 나가서 나뭇잎 보러 가요!"

유아의 관심과 교사의 지원

- **관심**: 계절이 변하며 바뀐 날씨와 주변 모습에 대한 관심
- **지원**: 유아들이 주변의 변화에 관심을 보여 함께 바깥 놀이를 나가 여름과 달라진 모습을 비교해 보며 날씨를 느껴볼 수 있도록 지원, 달라진 날씨와 변한 나무의 모습을 보며 관찰해 볼 수 있도록 지원 및 이야기 나누기 지원

교사의 생각

- 유아들이 우리나라의 사계절 중 '가을'에 흥미를 보이는 모습을 보여 유아들의 의견을 수용하여 함께 지역사회 연계 활동으로 주변 공원과 놀이터를 다니며 가을 날씨를 느껴보고 관찰해 볼 수 있도록 지원하였다.

놀이를 통한 배움

- **유아**: 놀이에 몰입하며 상상하고 자유롭게 표현하는 **'자율성'**
  친구와 함께 의견을 나누며 놀이하는 **'협동심'**
- **교사**: 놀이 활성화를 위한 유아의 요구에 민감하게 반응하는 **'지원자'**
  유아와 함께 즐겁게 놀이하는 **'참여자'**

• 지역사회 연계활동을 통한 가을 날씨와 변화 느끼기

"가을을 담은 액자 만들기"

〈숲과 연계한 미술놀이〉

"우와 저번에 왔을 산에 왔을 때랑 다르게 나뭇잎이 더 많아졌어."
"그리고 색깔도 변했는데?"
"저번엔 초록색이었는데 지금은 노란색이랑 빨간색도 있어!"
"그리고 갈색으로도 변했어."
"너는 액자에 뭐 붙일거야?"
"나는 여기 나뭇잎들 색깔 다르게 하나씩 붙일거야."
"어? 이렇게 하늘에 비춰보니까 색깔이 또 달라."

유아의 관심과 교사의 지원

- **관심**: 숲의 변화와 다양한 나뭇잎들의 변화에 대한 관심
- **지원**: 숲의 변화와 나뭇잎의 색깔, 숲의 색깔에 대해 이야기를 나누어 보고 자신만의 생각을 표현해 볼 수 있도록 언어적 지원, 숲의 변화를 관찰하며 자신이 원하는 나뭇잎과 자연물을 주워 액자를 만들어 볼 수 있도록 미술 활동 지원, 자신이 만든 액자를 하늘과 땅에 비춰보며 자연의 아름다움을 느껴볼 수 있도록 교사의 모델링

교사의 생각

- 유아들과 함께 숲 놀이활동을 통해 다양한 숲의 변화를 어떻게 하면 더 깊게 느껴볼 수 있을지에 대해 생각해 보며 직접 자연을 담은 액자를 만들어 볼 수 있도록 미술활동을 지원하였고, 자신이 만든 자연물 액자를 통해 원에서 연상 그림 그리기 활동으로 연계될 수 있도록 지원하였다.

놀이를 통한 배움

- **유아**: 내가 발견한 놀이 **'성취감'**
  친구와 함께 의견을 나누며 놀이하는 **'협동심'**
- **교사**: 유아의 놀이를 위해 끊임없이 연구하며 노력하는 **'책무성'**

• 숲에서 수집한 자연물로 액자를 만들어 자연의 아름다움을 느끼는 모습

• 자신이 만든 자연물 액자 연상 그림 그리기

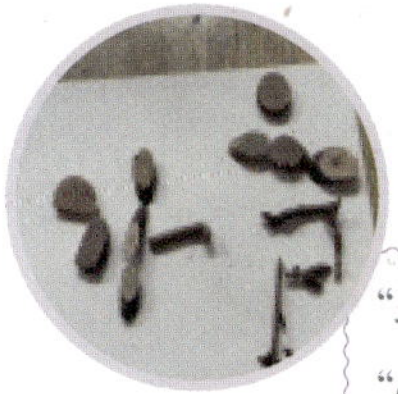

"자연물로 글자 꾸미기"

〈자연물을 이용한 미술 활동〉

"우리가 주워온 나뭇가지가 많이 있어."
"이걸로 뭐할까?"
"이렇게 우리 이름 만들까?"
"나도 글자 만들래."
"내가 네 이름 만들어줄게."
"나도 만들고 싶어."

"우리 같이 '해들'이라고 만들까?"
"우리 가을이니까 '가을'이라는 글자도 만들면 어때?"
"근데, 글씨는 너무 크고 나무는 너무 작아."
"그럼 이렇게 여러 개 붙여서 만들어보면 어떨까?"

유아의 관심과 교사의 지원

- **관심**: 유아들이 주워온 가을 자연물과 내 이름, 글자에 대한 관심
- **지원**: 유아들이 숲과 놀이터, ㅇㅇ공원에서 주워온 자연물을 놀잇감으로 지원, 유아들이 자신이 원하는 글자와 이름으로 구성해 볼 수 있도록 언어적 지원, 유아들이 나뭇가지로 다양한 모양과 글자를 구성해 볼 수 있도록 모델링, 교사가 적어준 글자 위에 자연물로 구성해 볼 수 있도록 언어적 지원

교사의 생각

- 유아들이 자연에서 주워온 자연물을 가지고 놀이 속에서 자연을 느껴보고 자연의 아름다움을 느끼며 자신의 생각을 자유롭게 표현해 볼 수 있도록 놀잇감으로 제공해 주었고, 유아들이 스스로 자연물을 보며 원하는 놀이로 확장될 수 있도록 지원해 주었다.

놀이를 통한 배움

- **유아**: 놀이에 몰입하며 상상하고 자유롭게 표현하는 **'자율성'**
  친구와 함께 의견을 나누며 놀이하는 **'협동심'**
- **교사**: 유아의 놀이를 격려하며 지지하는 **'협력자'**

• 자연물을 이용한 내 이름, 글자 꾸미기

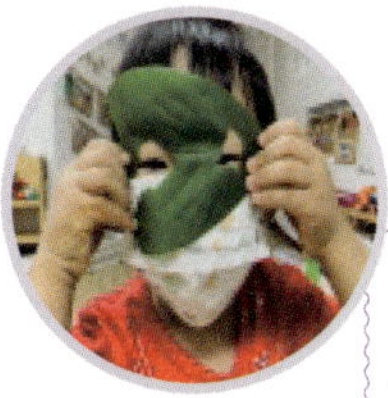

"나뭇잎 가면으로 변신"

〈자연물을 이용한 역할놀이〉

"이 나뭇잎으로 이렇게 구멍을 뚫으니까 가면 같은데?"
"우리 거울보러 가자."
"출발!"
"이것 봐! 이렇게 하면 뭐 같아?"
"토끼!"
"저거, 구멍 뚫은 거, 코에 하면 돼지 같아."
"내가 볼 땐 아기 소 같은데?"
"우리 나뭇잎 가면 쓰고 놀이하자."

유아의 관심과 교사의 지원

- **관심**: 유아들이 주워온 나뭇잎에 대한 관심
- **지원**: 유아들이 주워온 나뭇잎을 놀잇감으로 제공, 유아들과 나뭇잎으로 어떤 놀이를 하면 좋을지에 대해 언어적 지원, 교사가 나뭇잎을 가지고 동물처럼 흉내 내며 퀴즈 놀이를 해 볼 수 있도록 모델링, 나뭇잎으로 가면과 퍼즐을 만들어볼 수 있도록 놀이 제안

교사의 생각

- 유아들과 가을 나뭇잎에 대해 이야기를 나누어 보며 나뭇잎의 색깔이 변하는 과정에 대해 이야기를 나누어 보았다.
- 유아들이 나뭇잎을 가지고 다양한 동물로 변신해 퀴즈를 내고 맞춰볼 수 있도록 제안했다. 교사는 퀴즈놀이와 퍼즐 놀이를 하는 방법에 대해 지원하고 유아들이 스스로 다양한 동물 퀴즈를 내고 맞춰볼 수 있도록 언어적 지원을 하였다.

놀이를 통한 배움

- **유아**: 내가 발견한 놀이 '**성취감**'
  친구와 함께 의견을 나누며 놀이하는 '**협동심**'
- **교사**: 유아의 놀이를 위해 끊임없이 연구하며 노력하는 '**책무성**'

• 자연물을 가지고 다양한 놀이 즐기기

“가을에 볼 수 있는 곤충은?”

〈나의 상상을 자유롭게 표현한 놀이〉

“어? 여기 잠자리 사진이 있어.”	“어! 진짜네. 그리고 눈이 엄청 커!”
“나 옛날에 아빠가 잠자리 잡아준 적 있어.”	“우리 나무로 잠자리 만들까?”
“잠자리 날개는 몇 개지?”	“나는 무지개 잠자리 만들어야지.”
“2개 아니야?”	“이걸로 날개 만들 거야.”
“저기 사진 봐봐. 잠자리 날개는 네 개야.”	“나는 이렇게 지그재그로 붙여서 만들래.”

유아의 관심과 교사의 지원

- **관심**: 가을에 볼 수 있는 곤충에 대한 관심
- **지원**: 유아들의 흥미를 확장시켜 줄 수 있도록 잠자리와 다양한 가을 곤충 사진 지원, 가을 곤충 사진과 글자카드 지원, 유아들이 직접 퀴즈놀이를 할 수 있도록 교사의 모델링, 글자카드를 따라 써 볼 수 있도록 보드마카와 지우개 지원, 유아들이 가을 곤충을 만들어볼 수 있도록 자연물 지원

교사의 생각

- 유아들이 가을에 볼 수 있는 곤충에 대해 흥미를 보여 함께 가을 곤충에 대해 이야기를 나누어 보았다.
- 유아들이 자연물을 가지고 가장 흥미를 보인 ‘잠자리’를 만들어 볼 수 있도록 사진과 다양한 미술 재료를 제공해 주었고 유아들이 만든 잠자리를 교실 벽에 붙여 가을 환경으로 구성해 볼 수 있도록 지원하였다.

놀이를 통한 배움

- **유아**: 놀이에 몰입하며 상상하고 자유롭게 표현하는 **‘자율성’**
  친구와 함께 도우며 놀이하는 **‘협동심’**
- **교사**: 유아와 함께 즐겁게 놀이하는 **‘참여자’**

• 가을 곤충 글자 카드로 하는 놀이

• 가을 곤충인 ‘잠자리’를 구성하기

"가을에 볼 수 있는 열매를 알려줄게"

〈숲과 연계한 생태 놀이〉

"오늘 밤 주우러 숲에 가기로 했잖아."
"나 오늘 밤 많이 주우려고 큰 가방 가지고 왔어."
"숲에 가면 매끈매끈한 밤이 많이 있겠지?"
"우리 밤 주우러 얼른 가자 출발!"
"오늘 집에 가서 밤 구워 먹어야지."
"저기에도 밤이 많이 있대."
"내가 주운 밤은 이렇게 커다래!"
"가을에 볼 수 있는 열매는 밤 말고 또 뭐가 있지?"
"선생님 또 무슨 열매가 있어요?"

유아의 관심과 교사의 지원

- **관심**: 가을에 볼 수 있는 열매, 밤 줍기 활동에 대한 관심
- **지원**: 유아들이 가을에 볼 수 있는 열매에 대해 흥미를 보여 다양한 열매 종이접기 제공, 유아들과 밤 줍기 활동이 이루어질 수 있도록 준비 및 지원, 유아들과 함께 직접 밤 줍기 활동에 참여하여 가정에서도 연계하여 가을 열매에 대한 흥미가 확장될 수 있도록 지원

교사의 생각

- 유아들과 밤을 주우러 갈 때, 밤송이 가시가 위험한데 어떻게 가시에 찔리지 않고 체험할 수 있을까? 고민하였다. 사전활동으로 안전하게 주울 수 있는 방법에 대해 함께 이야기하고 약속을 정해보았다. 유아들은 체험일에 협동하여 큰 바구니에 밤 줍기 활동을 할 수 있었다.

놀이를 통한 배움

- **유아**: 친구와 함께 도우며 놀이하는 **'협동심'**
- **교사**: 유아의 놀이를 위해 끊임없이 연구하며 노력하는 **'책무성'**
  유아의 놀이를 격려하며 지지하는 **'협력자'**

• 가을 '밤' 줍기 활동

• 가을 열매 종이접기

• 가을 열매 그림카드 퀴즈놀이

"알록달록 물드는 단풍잎"

〈유아가 제안한 놀이〉

"우리 저번에 ○○공원에서 봤던 단풍나무 그리자."
"나도 같이할래."
"뭐로 그리지?"
"선생님 물감으로 그리고 싶어요."

"단풍잎은 빨간색이야."
"노란색 은행잎도 있어."
"우리 저번에 봤을 때, 물들고 있어서 여러 색깔인 나뭇잎도 있었잖아."
"진짜 나뭇잎 모양으로 잘라서 할까?"

유아의 관심과 교사의 지원

- **관심**: 가을이 되어 물드는 단풍잎에 대한 관심
- **지원**: 유아들과 단풍잎이 물드는 이유에 대한 이야기 나누기 활동 지원, 단풍잎에 관련된 그림책 읽기 활동 지원, 다양한 색깔의 물감 지원, 직접 물드는 단풍잎을 보고 연상 그림 그리기 활동 지원, 자연에서 단풍잎이 물드는 모습을 보며 미술활동 지원

학습공동체 협의

- **고민**: 유아들이 단풍잎이 물드는 것에 흥미를 보여 어떻게 지원해 줄 수 있을지 고민이다. 어떻게 지원해 줄 수 있을까?
- **협의**: 유아들이 직접 단풍잎이 물드는 것을 보며 아름다움을 느껴볼 수 있도록 함께 바깥 놀이를 나가 다양한 놀이 활동이 진행될 수 있도록 지원해 주면 좋을 것 같다. 유아들이 직접 보고 난 후 다양한 놀이로 연계될 수 있도록 지원해 주면 더욱 확장된 놀이가 이루어질 것 같다.

놀이를 통한 배움

- **유아**: 내가 발견한 놀이 **'성취감'**
  친구와 함께 의견을 나누며 놀이하는 **'협동심'**
- **교사**: 유아의 놀이를 위해 끊임없이 연구하며 노력하는 **'책무성'**

• ㅇㅇ공원에서 주운 단풍잎으로 미술놀이

• 직접 관찰한 단풍잎이 물드는 모습을 물감으로 표현하기

"가을에 불어오는 바람"

〈친구와 함께 협동한 놀이〉

"우리 저번에 ○○공원 갔을 때, 바람이 엄청 많이 불었잖아."
"우리 바람으로 놀이할까?"
"스카프를 이렇게 길게 붙여서 놀이하면 어떨까요?"
"그럼 스카프를 이렇게 길게 붙여줘."

"바람을 만드는 물건이 필요해."
"나는 책으로 할래."
"나는 가방!"
"점토판도 바람이 엄청 세게 불어."
"아 너무 덥다."
"여기 앉으면 바람이 불어서 시원해."

유아의 관심과 교사의 지원

- **관심**: 계절의 변화를 느끼며 불어오는 바람에 대한 관심
- **지원**: 계절의 변화에 대해 관심을 가지며 자신이 느꼈던 경험에 대해 말로 표현해 볼 수 있도록 언어적 지원, 계절의 변화에 대한 이야기 나누기 지원, 유아들이 직접 바람을 만들어보고 느껴볼 수 있도록 물리적 지원, 테이프, 스카프, 크기가 다양한 비닐봉지 지원, 다양한 교실 놀잇감 지원

학습공동체 협의

- **고민**: 유아들이 '바람'에 관련되어 흥미를 보이는데, 바람과 관련된 색다른 놀이를 지원해 주고 싶다. 어떻게 지원해 줄 수 있을까?
- **협의**: 유아들이 눈에 보이지 않는 바람을 스카프 놀이나 비닐봉지와 관련해서 눈에 보일 수 있도록 지원해 준다면 더 흥미를 보이고 놀이가 확장되지 않을까? 교실에서 하지 않았던 놀이 방식을 지원해 준다면 더욱 즐거운 놀이가 될 것 같다.

놀이를 통한 배움

- **유아**: 내가 만든 놀잇감 내가 발견한 놀이 **'성취감'**
  친구와 함께 문제 상황에 대해 이야기하며 해결하는 **'문제해결능력'**
- **교사**: 유아의 놀이를 위해 끊임없이 연구하며 노력하는 **'책무성'**
  놀이 활성화를 위한 유아의 요구에 민감하게 반응하는 **'지원자'**

• 여러 가지 색깔 스카프를 이용한 신체표현

• 비닐봉지를 이용한 다양한 신체활동

"어떤 색깔이 숨어있을까?"

〈배움이 일어난 놀이〉

"선생님 이 스포이트로 어떤 것을 할 수 있어요?"
"우리 내일은 이 스포이트로 놀이해요."
"사인펜에 여러 가지 색깔이 숨어있다고요?"
"우리 실험해 봐요!"

"진짜 여러 가지 색깔이 숨어있었어."
"우리 저번에 단풍나무 앞에서 사진 찍었을 때 봤던 단풍나무 색깔 같아."
"내 것은 왜 주황색으로 바뀌었지?"
"사인펜 속에 주황색이 더 많이 숨어있었나 봐."

유아의 관심과 교사의 지원

- **관심**: 스포이트로 할 수 있는 놀이에 대한 관심
- **지원**: 형님 반에 있던 스포이트를 보며 관심을 가져 스포이트로 할 수 있는 놀이에 대해 이야기 나누기 지원, 스포이트로 가을의 색깔에 대해 흥미를 보여 직접 다양한 색깔에 관련된 실험을 해볼 수 있도록 언어적 · 물리적 지원, 크로마토그래피 실험에 대한 언어적 지원 및 교사의 모델링

교사의 생각

- 유아들이 스포이트와 관련된 다양한 놀이에 대한 이야기 나누기 및 가을 단풍잎을 보았던 사전 경험에 대해 생각해 보며 자신이 생각하는 가을 풍경에 대해 이야기를 나누며 그림으로 표현해 볼 수 있도록 지원해 주었다.
- 크로마토그래피 기법에 대해 이야기를 나눈 후 유아들이 직접 실험해 보고 색깔과 스포이트 사용방법에 대해 배워볼 수 있도록 지원하였다.

놀이를 통한 배움

- **유아**: 친구와 함께 소통하며 놀이하는 즐거움 **'또래 친구와의 상호작용'**
  친구와 함께 의견을 나누며 놀이하는 **'협동심'**
- **교사**: 놀이 활성화를 위한 유아의 요구에 민감하게 반응하는 **'지원자'**
  유아의 놀이 속 배움을 이끄는 **'지원자'**

• 스포이트를 이용한 색깔놀이

• 크로마토그래피 기법을 이용한 색깔놀이와 연상 그림 그리기

4. 놀이4 빛과 그림자놀이

놀이환경 구성

그림자놀이

실외놀이하며 햇빛을 받아 생긴 나의 '그림자'를 탐색하며 빛과 그림자에 아이디어를 얻는다. 햇빛이 있는 곳이 아닌 다른 공간에서도 빛과 그림자를 볼 수 있는 방법에 대해 고민해 보며 다양한 놀이를 시작한다.

해 · 달들반 교실 상황

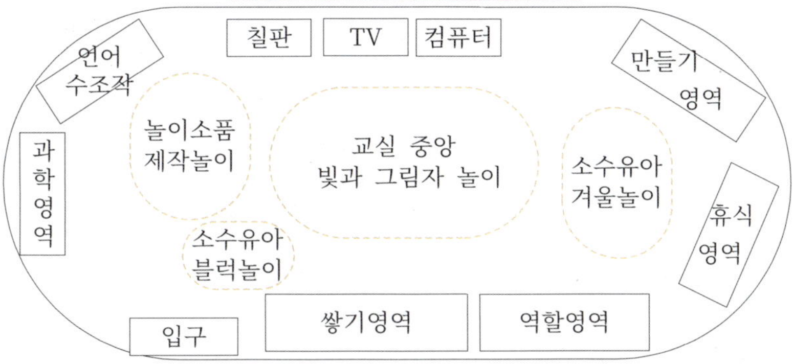

해 · 달들반의 모습

- 교실 한쪽 공간에 그림자놀이 존을 구성한 유아들은 이곳 박스 안에서 이불을 이용하여 공간을 어둡게 만들어 놀이한다.
- 날씨가 좋은 날은 실외 공간으로 이동하여 놀이를 즐기고, 빔프로젝터가 있는 꽃들반에서 교실을 번갈아 사용하며 놀이를 즐겨본다.
- 놀이에 많은 유아가 관심을 보일 때는 교실 불을 끄고 블라인드를 내린 뒤 교실 전체를 사용하여 놀이를 진행한다.

실외놀이하며 발견된 그림자를 통한 관심의 시작

"여기 그림자가 생겼어!" "나랑 쌍둥이야!"

"내가 만들어 보는 그림자"
그림자의 움직임과 변화

"색깔 옷을 입은 변신 그림자!"
빛의 색과 그림자 이동 놀이

"그림자 수수께끼"
그림자를 이용한 게임 놀이

"동물 그림자 놀이 막대"
유아가 제작한 놀이자료

"지관통을 이용한 그림자 수수께끼"
유아가 제안한 놀이

"빛과 전기가 없는 세상?"
배움이 일어난 놀이

"우리의 놀이는 ing 중!"

"내가 만들어보는 그림자"

〈날씨 변화에 따른 놀이 / 유아가 발견한 놀이〉

"지금 나 따라다니는 거 보이지?"
"그림자잖아~!"
"나 오늘 고양이 머리띠 한 거 보이네! 귀 쫑긋한 거 귀엽다!"
"움직여봐. 너 따라다닌다."
"그림자는 원래 따라다녀"

"내가 손을 펴니까 손가락도 보이네!"
"이건 몇 개게? 흔들어 볼게."
"다섯 개!"
"그럼 이건 뭐게? 동물이야!"
"음... 날아가는 걸 보니... 나비?"
"딩동댕동!"

유아의 관심과 교사의 지원

- **관심**: 몸으로 표현하는 그림자의 모양과 움직임, 그림자 수수께끼 "그림자는 왜 생겨요?", "교실에서도 그림자놀이 할 수 있어요?"
- **지원**: 몸을 이용한 그림자놀이 방법 모델링 제시, 그림자가 생기는 이유에 대한 그림책 소그룹 감상, 교실에서 넓은 실외 공간으로 환경적 변화주기, 몸으로 만드는 그림자 사진 촬영하여 수수께끼 책 제작하기

학습공동체 협의

- **고민**: 교실 안에서도 그림자놀이를 진행하고 싶어 하는 유아들이 있는데 어떻게 그림자를 생성할 수 있을까? 교실이 좁기도 하여 다소 고민이 된다.
- **협의**: 유아들이 요구할 때 블라인드를 내리고 암막 커튼을 이용하여 환경의 변화를 주는 것은 어떨까? 다툼 상황에 대해서는 서로 이야기를 나누어 보며 규칙을 스스로 정해볼 수 있는 기회를 주는 것도 좋을 것 같다.

놀이를 통한 배움

- **유아**: 내가 발견한 놀이 '**성취감**'
- **교사**: 유아의 놀이를 위해 끊임없이 연구하며 노력하는 '**책무성**'

• 친구들과 함께 나의 그림자와 놀이터의 그림자 탐색하며 이야기 나누기

"색깔 옷을 입은 변신 그림자"

〈실내에서 유아가 발견한 놀이〉

"그림자에도 색이 있네?" "이 그림자는 어디서 온 걸까?" "그림자가 옷을 입었어~" "봐봐! 내 옷 색도 변했어!" "그림자가 빛을 통과한 거야."	"지난번에 셀로판지로 색깔 섞어봤잖아! 그걸 빛에 대보자." "색이 섞이면 무지개가 되겠다!" "나는 이 투명한 필름으로 그림 그려서 비춰봐야지~"

유아의 관심과 교사의 지원

- **관심**: 그림자의 변화하는 색, 색의 혼합, 투영되는 그림자, 빛의 움직임
- **지원**: 색깔 그림자 필름, 투명 OHP 필름, 빛을 투영 시켜 색깔 그림자 만들기 소그룹 과학실험 지원, 실내 공간에서도 아주 어두운 공간과 밝은 공간을 구분할 수 있도록 대형 박스 및 암막 커튼 지원, 놀이에 몰입하는 유아들이 충분한 시간을 가질 수 있도록 일과 시간 조정하기

학습공동체의 생각

- **고민**: 많은 유아들이 그림자놀이에 관심을 갖고 놀이하고 있지만 소수의 친구들은 미술, 책 읽기 등 정적인 놀이를 위해 불이 켜고 싶어 합니다. 어떻게 하는 것이 좋을까?
- **협의**: 영역을 분리하여 한쪽은 불을 켤 수 있도록 해주는 것이 어떨까요? 암막커튼 등을 휴식영역에 달아 완전히 어두운 공간을 따로 확보해주거나 유아들과 이야기를 나누어 시간을 분배하는 것도 좋을 것 같습니다.

놀이를 통한 배움

- **유아**: 내가 만든 놀잇감, 내가 발견한 놀이 '**성취감**'
- **교사**: 놀이 활성화를 위해 유아의 요구사항에 민감한 반응하는 '**지원자**'

• 색의 혼합과 투영되는 그림자 관찰하며 이야기 나누기

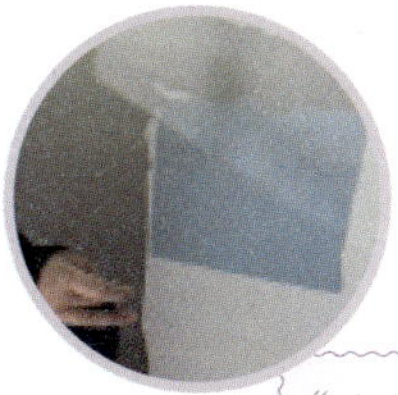

"동물 그림자놀이 막대"

〈유아가 제작한 자료를 이용한 놀이 / 유아가 공간 구성한 놀이〉

"여기 동물들도 그림자가 비춰지네!"
"기린은 역시 키가 크다."
"나는 고래도 하고 싶은데 고래 모양은 없네?"
"없으면 만들면 되지!"

"어떤 걸로 만들까?"
"근데 내 손가락이 자꾸 나오네."
"우리 선생님한테 나무 막대 달라고 하자!"
"또 어떤 동물 만들까?"
"으음... 사자 어때? 나는 치타!"

유아의 관심과 교사의 지원

- **관심**: 그림자놀이 막대 제작, 제작한 놀잇감을 이용한 역할극
- **지원**: 교구장을 벽으로 붙이고 책상을 밀어 넓은 공간 확보하기, 어둡게 조성된 환경 속에서 안전하게 놀이하기 위한 방법 이야기 나누기, 인력추가 배치를 통한 소그룹 놀이 지원, OHP 필름과 매직, 상자와 종이포일, 유아가 요구한 자료 등

학습공동체의 협의

- **고민**: 놀이 중 배움이 일어나기 위한 지원이 잘 이루어지고 있는지 걱정된다.
- **협의**: 유아들과 '빛과 전기가 이 세상에 없다면'에 대해 이야기 나누는 시간을 가져보는 것도 좋을 것 같다. 질문을 통해 유아들이 스스로 생각할 수 있는 시간을 제공해 주고, 빛과 전기의 원리와 소중함을 알아보는 시간을 가져보는 것은 어떨까?

놀이를 통한 배움

- **유아**: 스스로 놀이를 만들어 놀이에서 새로운 것을 발견하는 **'주도성과 탐구력'**
- **교사**: 유아의 놀이 속 배움을 위해 끊임없이 연구하고 노력하는 **'책무성'**

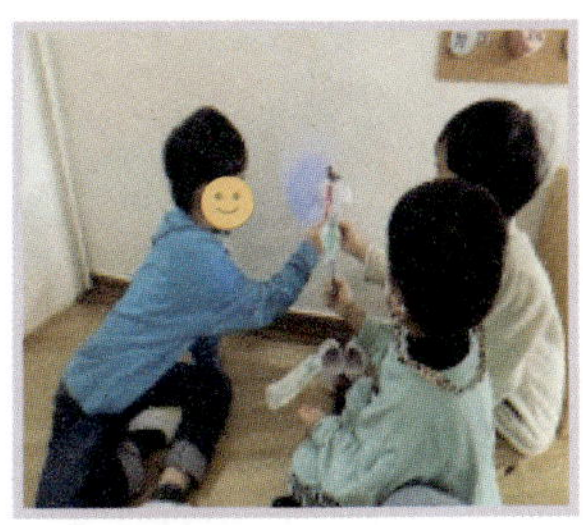

• 내가 제작한 교구를 이용하여 동물의 왕을 뽑는 역할극 즐기기

"그림자 수수께끼"

〈시작과 끝을 유아가 정한 놀이 / 천장과 지관통을 이용한 놀이〉

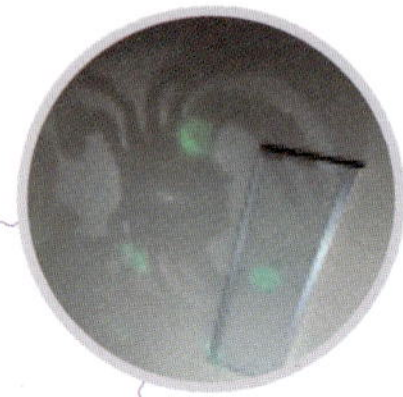

"짜잔! 이건 무슨 그림자게요?" "힌트를 줘봐!" "어. 나는요. 이렇게 움직이며 날아갈 수 있고요, 발톱도 아주아주 날카로워요." "음… 독수리?" "딩동댕동! 정답입니다~"	"너희 뭐해? 나도 하고 싶어!" "나도 나도!" "아! 잠깐만, 우리 그림자 수수께끼 내고 있는데… 그럼 팀을 나눌까? 아니면 차례대로?" "어떻게 할까?"

유아의 관심과 교사의 지원

- **관심**: 그림자를 이용한 수수께끼 게임 놀이, 수수께끼 문제 제작
- **지원**: 협동 놀이를 지원하는 유아들의 갈등 상황 관찰하기, 스스로 문제 해결을 이룰 수 있도록 유아들이 서로 이야기를 나누도록 지원하기, 수수께끼 문제를 제작하기 위한 자료(LED 조명, 필름 카드), 흰 배경이 있는 영역 공간 제공하기

학습공동체의 생각

- **고민**: 유아들이 주체적인 놀이를 즐기고 있는 모습이 관찰된다. 장애통합 친구들 또한 또래들의 놀이를 모방하며 함께 놀이하거나 제작 과정에 교사와 함께 참여하는 모습을 보인다. 장애통합 친구들도 놀이에 참여할 수 있는 방법이 있을까?
- **협의**: 유아들이 놀이를 반복하고 경험하며 스스로 놀이교구를 제작하거나 새로운 놀이를 만들어내는 모습이 사진이나 영상으로도 잘 나타난다. 현재 빛과 관련 놀이를 진행하고 있는 동생 반과 협력하여 놀이를 진행해 보는 것도 좋을 것 같다.

놀이를 통한 배움

- **유아**: 친구와 갈등 상황 해결하는 **'문제해결능력'**
  놀이에 몰입하며 상상하고 자유롭게 표현하기 **'자율성'**
- **교사**: 놀이의 주도권 유아에게 넘겨주고 유아와 함께 즐겁게 놀이하는 **'놀이 참여자'**

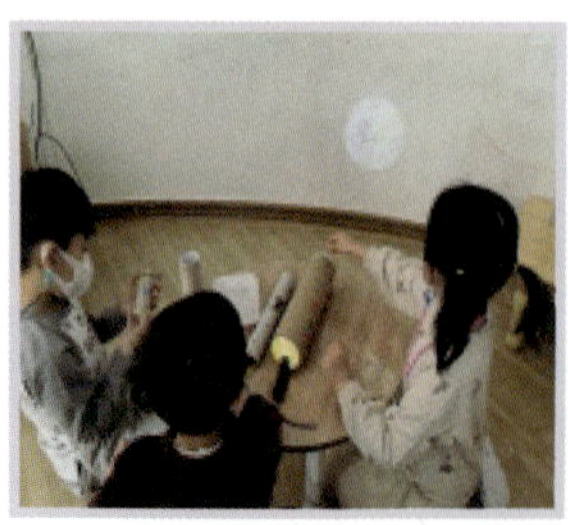

• 서로의 이야기를 경청하며 규칙 정하기, 수수께끼를 다양한 방법으로 출제하기

"빛과 전기가 없는 세상"

〈교육적 배움이 일어난 놀이〉

"우리가 사는 세상에 빛과 전기가 없어진다면 어떨까?"
"그러면... 내 얼굴도 못보고 엄마 아빠 얼굴도 못보겠다."
"세상이 검은색이겠네요?"
"으아! 생각만 해도 무서워!"

"전기를 아껴 쓸 수 있는 방법은 무엇이 있을까?"
"음... 안쓰는 전기코드 다 뽑아놓기!"
"다른 사람들에게 전기를 아끼는 방법을 알릴 수 있는 방법은 무엇이 있을까?"

유아의 관심과 교사의 지원

- **관심**: 빛과 전기가 없는 세상, 빛과 전기가 없는 우리의 삶, 빛과 전기가 없는 모습 극놀이
- **지원**: 빛의 원리와 전기의 소중함 이야기 나누기 소그룹 지원, 전기 절약하기 운동 포스터 제작하기, 빛과 전기가 없는 세상 역할놀이 지원(안대, 암막커튼 등)

학습공동체의 협의

- **고민**: 빛과 전기가 없는 세상 놀이를 시작해 보며 전기 절약 등 다양한 환경 운동에 대해서 관심을 보이기 시작했다. 또한 추워진 날씨를 통해 겨울용품을 이용한 놀이를 시작했다.
- **협의**: 유아들이 다양한 환경 운동과 날씨에 따른 겨울 놀이에도 관심을 보이기 시작했다면, 유아들이 관심 있어 하는 놀이 관련 그림책과 교구를 배치하며 어떤 놀이를 시작해 나갈지 관찰해 볼 필요가 있을 것 같다.

놀이를 통한 배움

- **유아**: 놀이를 통해 배우는 **'탐구자'**
- **교사**: 빛과 전기에 대한 지식을 알려주는 **'지식전달자'**

- 빛과 전기가 없는 세상을 놀이로 표현하고 전기 절약을 실천할 수 있는 방법 찾아보기

5. 놀이지원을 위한 가정연계

가정과의 협력사항

- 놀이 story 배부를 통한 유아흥미 놀이 진행 소통
- 매주 키즈노트 앨범 전송을 통한 놀이에 몰입하는 유아들의 사진 공유
- 가정에서의 주말지낸 이야기 사진 업로드
- 유아 흥미 놀이 주제와 관련된 놀잇감 및 그림책 지원 받기
- 가정에서 나오는 다양한 재활용품 지원 받기

가정연계를 통한 놀이 전개

- 놀이와 관련된 가정지원 놀잇감을 통해 놀이에 대한 유아들의 흥미 확장
- 변화하는 날씨에 따른 놀이소품을 통한 놀이 연계 지원
- 일상생활에서 우연히 발견한 놀이를 가정 내에서 함께 놀이하는 참여자로서의 역할 지원
- 가정에서 놀이에 관련된 사전경험에 대한 사진을 받아 교실에 제시하고 함께 이야기를 나누며 놀이 전개

가정연계의 효과

- 유아중심, 놀이중심의 개정 누리과정에 대한 이해도 증가
- 어린이집에서의 유아의 놀이와 활동을 공유
- 유아에게 놀이와 연계된 주말지낸 경험 지원
- 가정과 어린이집에서의 일관된 유아발달 지원
- 자녀 양육의 역량 강화 도모

• 가정에서 지원받은 놀잇감 및 재활용품을 이용하여 놀이 전개하기

V. 유아 놀이중심
만 5세반

산들반 놀이 흐름

한 눈으로 보는 1학기 놀이과정

3월

안녕, 나의 친구

함께 놀이하는 산들반
우리가 만드는
놀이규칙 & 놀이공간

4월

꽃들아, 안녕?

봄에 만날 수 있는 꽃과 나무
우리반 친구들이
좋아하는 꽃

5월

편리함을 주는 다양한 공간, 우리 동네

우리가 살고 싶은
우리 동네
배려하고 존중하는 이웃

6월

물이 궁금해요

물로 즐길 수 있는 놀이
물을 아껴요 캠페인

7월

새콤달콤, 맛있는 여름 과일

여름이 되어 달라진 풍경
주렁주렁 과일 열매

8월

생김새가 모두 다른 곤충

곤충의 생김새와 특징
자연과 함께하는 곤충들

1. 놀이1 우리 동네

놀이환경 구성

우리 동네

ㅇㅇ공원을 산책하고 어린이집으로 돌아오던 중 동네에 있는 다양한 가게와 기관의 간판을 읽고, 해당 가게와 기관을 방문했던 경험을 친구들과 의사소통을 하게 된다. 이러한 유아들의 관심을 놀이와 연계하여 표현해 볼 수 있도록 지원하며 '우리 동네'라는 흥미 주제로 놀이가 전개된다.

산들반의 교실 상황

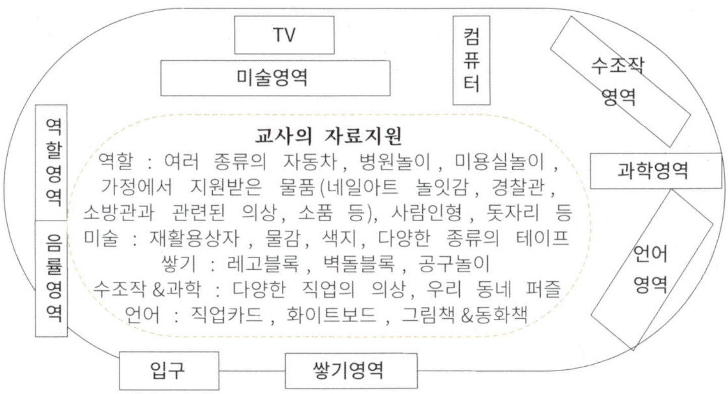

산들반의 모습

블록, 재활용품 등 다양한 놀잇감과 도구를 사용하여 우리 동네에서 볼 수 있는 가게와 기관들의 모습을 구성하며 교구장의 위치를 옮겨 보기도 하는 등 교실을 우리 동네로 표현하며 놀이를 진행한다. 또한 실외 공간, 지역사회와 연계하여 다양한 경험을 통한 친구들과의 협동 놀이를 즐긴다.

유아들의 흥미와 연계된 관심의 시작

"엄마, 아빠랑 주말에 저 가게에 가본 적 있어요~!"

"우리 동네를 구성해요"
우리 동네 만들기

"숲 놀이 - 우리 동네 지도"
자연물로 만드는 우리 동네 지도

"우리 동네 자랑거리"
우리 동네 가게와 우리 동네 사람들

"편지를 보낼 수 있는 곳"
우체국 놀이

"우리가 살고 싶은 동네"
지도 만들기 + 재활용품으로 만들기

"우리 동네 공공기관"
경찰서와 소방서

"우리 동네를 구성해요"

〈유아의 관심 / 유아가 발견한 놀이〉

"우리 어제 다녀온 OO공원을 만들어 보자!~"

"벽돌 블록으로 공원 길을 만들고 꽃 모형으로 꽃밭을 만들어봐야겠어."

"여기 있는 테이프로 바닥에 우리 동네 길을 한 번 만들어봐도 돼요?"

"나는 어제 지나갈 때 본 횡단보도를 만들어봐야지!"

"시트지 위에 그림도 그려서 우리가 본 가게들도 한 번 만들어볼까?"

"나는 우리 동네 간판을 만들어서 저 기둥에 한 번 붙여볼래"

"우리 동네 이름은 뭐예요?"

"간판 이름 우리 동네 △△동 어때?"

"이것 좀 봐 우리 동네가 완성됐어."

유아의 관심과 고민, 교사의 지원

- **관심**: 우리 동네의 모습, 가족과 함께 산책하며 본 우리 동네의 가게와 기관들
- **고민**: "교실을 우리 동네로 한번 바꿔 봐요!", "우리 동네에 있는 많은 것들을 어떻게 만들지?", "블록 말고 다른 방법으로 만들어보고 싶어."
- **지원**: 바위와 물 사진, 우리 동네에 있는 가게와 기관들의 사진 자료 제시, 블록과 다양한 종류의 테이프 지원, 우리 동네에 대한 사전 경험 발문을 통한 의사소통

교사의 생각

- 처음에는 교실에 비치된 구조적 놀잇감들을 이용해 유아들이 우리 동네의 길, 가게들의 모습을 구성하다가 하루하루 놀이가 연계되고 확장되며 바닥 공간을 활용해 테이프로 우리 동네를 구성해보거나 유아의 제안으로 간판을 만들고 가게를 만들어 보는 등 다양한 방법으로 놀이가 전개되었다.

놀이를 통한 배움

- **유아**: 놀이를 제안하고 다양한 방법으로 만들며 표현하는 **'주도성'**
- **교사**: 물리적, 언어적, 정서적 등 다양한 방법으로 유아들의 놀이를 지원하는 **'조력자'**

• 우리 동네 하면 생각 나는 곳 퀴즈놀이

• 우리 동네 환경구성 (환경판 꾸미기)

• 우리 동네 구성하기 (테이프놀이)

"숲 놀이 - 우리 동네 지도"

〈숲과 연계되어 이루어지는 놀이〉

"갈퀴로 바닥을 긁으니까 고양이가 할퀸 것 같은 상처로 보여~!"

"나는 쭉 그어서 저기까지 가봤더니 꼭 길처럼 길게 이어졌어."

"그럼, 내가 갈퀴로 흙에 길 그림을 그려볼게."

"나는 나뭇가지를 주워서 도로를 만들어볼게."

"좋아! 우리 동네를 만들어보자."

"지도에 병원을 꾸며서 붙여볼래. 가운데에 십자가 그림이 있어야 해. 초록색으로!"

"스티커 붙일 때 뒤에 나뭇잎도 붙이니까 더 잘 붙어~"

"여기 끝을 네가 잡아줘. 그래야 물이 흐르지 않을 수 있어."

"물방울을 병원으로 옮겨 봐요!"

"이번에는 물방울을 학교로 보내자!"

유아의 관심과 교사의 지원

- **관심**: 자연물을 이용한 놀이, 숲 도구로 즐길 수 있는 놀이 방법, 우리 동네 지도
- **지원**: 천, 자연물, 아세테이트지, 매직 등 다양한 미술 재료 지원, 어린이집 근처 동산으로 이동해 놀이연계, 활동에 어려움을 느끼는 유아들과 함께 활동하기

학습공동체의 생각

- **고민**: 유아들의 놀이에 필요한 다양한 미술 재료와 자연물이 더해져 더욱 풍요로운 놀이 재료가 제공되며 놀이가 전개된 것 같다. 단순하게 평면적으로 지도를 그림으로 그려 활동을 마무리 짓는 것이 아니라 물을 활용해 협동 놀이로 확장해 활동을 진행해 본 점도 창의적으로 느껴졌던 것 같다.
- **협의**: 숲에서의 놀이를 그날 하루의 놀이로 마치는 것이 아니라 교실로 돌아와서도 연계되어 이루어질 수 있도록 도우면 좋을 것 같다.

놀이를 통한 배움

- **유아**: 다양한 재료를 활용해 놀이를 펼쳐나갈 수 있는 **'탐구력'**
- **교사**: 동료 교사와 함께 고민하며 유아의 흥미와 요구에 민감하게 반응하는 **'공동체의식'**

• 숲에서 자연물과 천을 활용해 우리 동네 지도구성
• 아세테이트지에 우리 동네 기관을 그린 후 물방울을 약속된 장소로 옮겨보며 신체놀이

"우리가 살고 싶은 동네"

〈유아의 상상력과 창의력이 표현되는 놀이〉

"어제처럼 우리 동네를 다시 만들어볼까?"
"이번에는 저 도화지보다 더 크게 만들어보는 게 어때? 진짜 지도처럼 말이야."
"일단 전지에 도로 테이프를 붙여서 길을 만들어 볼래."
"나는 병원이랑 집을 접어서 옆에 붙여볼 거야. 병원이랑 집이랑 가까우면 좋잖아~"

"우리 동네에 에버랜드처럼 놀이공원이랑 놀이 기구들이 있었으면 좋겠다."
"그럼 놀이 기구도 그려볼까?"
"선생님, 친구들 사진도 뽑아주세요. 친구들 사진도 우리 동네 지도에 붙여볼래요~"
"엄마 아빠랑 집에 갈 때 같이 보게 밖에 붙여주시면 안 돼요?"

유아의 관심과 교사의 지원

- **관심**: 친구와 함께하는 협동 놀이, 내가 살고 싶은 곳의 모습
- **지원**: 유아들이 구성해 보고 싶은 동네의 모습, 표현해 보고 싶은 방법 등에 대한 발문을 통한 의사소통, 유아들의 제안을 수용하며 실외에 작품 전시.

교사의 생각

- 단순히 블록과 테이프 등 미술 재료를 이용해 내가 살고 싶은 동네를 작품으로 만들어 보는 것뿐만 아니라 길을 구성하는 과정을 설정하고 알아보며 방향과 물체의 위치를 추측해 보기도 하고 탐구활동을 경험해 보기도 하였다.
- 유아들의 제안으로 작품을 실외에 전시해 봄으로써 유아들이 등·하원하며 가족과 함께 놀이에 대해 소통해 보거나 자신의 작품을 보여주며 성취감과 뿌듯함을 느끼는 모습이 관찰되었다.

놀이를 통한 배움

- **유아**: 생각한 것을 놀이로 표현해보는 '**창의력**'
- **교사**: 놀이는 유아가 주체자라는 '**믿음**'

• 우리 동네 간판 만들기

• 우리 동네 공공기관 모자이크

• 내가 살고 싶은 동네 (지도 만들기)

"편지를 보낼 수 있는 곳 - 우체국"

〈지역사회와 연계되어 이루어지는 놀이〉

"우리 상자로 우체국 만들어보자~" "선생님 빨간색 종이 좀 주시면 안 돼요? 우체국은 빨간색이던데!" "그럼 우체통이랑 편지도 한 번 만들어보자!~" "산들반에 우체통이 생겼어! 우체국에 가보자!" "안녕하세요. 어서 오세요. 우체국에 어떤 일로 오셨나요?"	"여기 우체통에 넣으면 시골에 있는 할머니한테 편지가 가요?" "우표 스티커를 붙여야 해. 다섯 살 때 편지 보내봤는데 그때 스티커 붙였어!" "구멍이 없는데 편지를 어디에 넣어야 하지?" "우체국 아저씨 우리 할머니 편지 꼭 전달해 주세요~"

유아의 관심과 교사의 지원

- **관심**: 친구와 함께하는 협동 놀이, 내가 살고 싶은 곳의 모습
- **지원**: 유아들이 구성해 보고 싶은 동네의 모습, 표현해 보고 싶은 방법 등에 대한 발문을 통한 의사소통, 유아들의 제안을 수용하며 실외에 작품 전시

학습공동체의 협의

- **고민**: 조형 활동과 극놀이로 활동이 끝나는 것이 아니라 유아들 연령 수준에 맞게 놀이를 확장시켜 즐겨볼 수는 없을까?
- **협의**: 점차 한글 읽기, 쓰기 활동에 관심을 보이는 연령인 만큼 유아들의 흥미 주제인 우리 동네와 편지 쓰기, 읽어보기 등의 활동을 통해 초등 연계활동으로 이어져 수준에 맞는 활동이 진행된 것 같다. 지역사회와 연계하여 공공기관을 직접 방문해 보는 것도 좋을 것 같다. 어버이날을 맞이하여 멀리 계신 조부모님께 편지를 써보는 건 어떨까?

놀이를 통한 배움

- **유아**: 나의 생각으로 전개되는 놀이, 놀이를 통해 경험해보는 **'자신감'**
- **교사**: 유아들의 놀이를 격려하며 지지하는 **'협력자'**

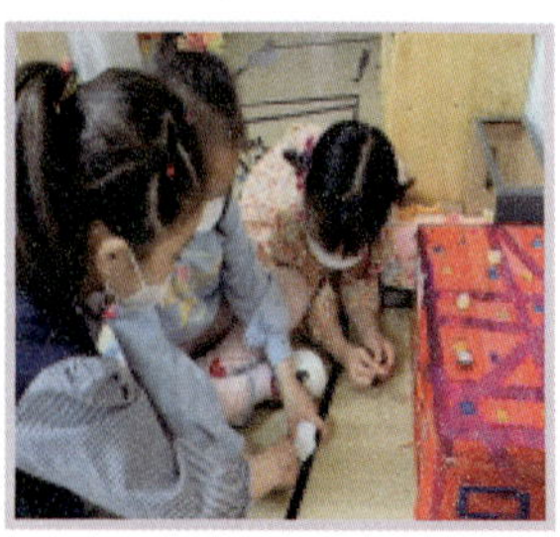

• 우체국 놀이(극놀이)

• 우체국 구성하기
(협동작품으로 만든 간판)

• 조부모님께 보내는
편지 (지역사회연계)

"우리 동네 자랑거리"

〈장애유아로부터 시작된 놀이〉

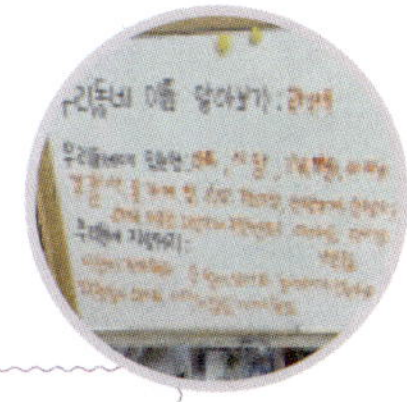

"친구가 들고 있는 카드는 경찰서야!"
"이거는 은행! 돈을 찾을 수 있는 곳 알지?"
"친구가 우리에게 카드를 보여주면 우리가 가게 이름을 맞추고 있어요!"
"너도 △△동에 살아? 아니면 다른 곳에 살아?"
"선생님 친구는 어디에 살아요?"

"저는 우리 동네에서 마트가 제일 좋아요. 왜냐하면 무엇이든지 살 수 있잖아요."
"나는 우리 엄마랑 아빠가 경찰관이야. 그래서 경찰서를 좋아하고 엄마, 아빠도 자랑스러워!",
"우리 아빠는 목사님인데 교회도 우리 동네에 있어!"

유아의 관심과 고민, 교사의 지원

- **관심**: 교사와 장애통합반 유아가 우리 동네 그림 카드를 보며 의사소통하는 모습
- **고민**: "친구는 어떤 동네에 살아요?", "친구는 우리 동네에서 어디가 제일 좋대요?"
- **지원**: 장애유아들과 언어적, 비언어적으로 소통할 수 있도록 교사가 함께 놀이에 참여하며 소통 시도하기. 우리 동네와 관련된 단어카드를 준비해 함께 읽고 적어보며 글자 익혀보기, 유아들이 생각하는 우리 동네 자랑거리 발표해 보기

교사의 생각

- 장애유아가 관찰하고 있던 그림카드로부터 다른 친구들이 놀이에 대한 관심을 보이게 되고 장애유아와 소통하기 위해 질문을 해보거나 놀이 모델링을 선보이는 모습을 통해 또래 친구와의 상호작용이 잘 이루어지고 있음을 관찰해 볼 수 있었다. 또 이러한 놀이가 단순하게 일회성으로 끝나지 않도록 장애유아와 소통할 수 있는 방법을 고민해보고 지속적으로 지원해 보면 좋을 것 같다.

놀이를 통한 배움

- **유아**: 친구와 함께 소통하며 놀이 할 수 있는 방법을 고민하며 서로 다름을 이해하고 존중하는 **'또래 친구와의 상호작용'**
- **교사**: 장애유아가 친구들과 함께 놀이를 즐길 수 있도록 독려하며 지원하는 **'정서적지원'**

• 우리 동네 풍경 감상하며 놀이 즐기기

• 우리 동네에 놀러왔어요(극놀이)

• 우리 동네 자랑거리 발표(이야기 나누기)

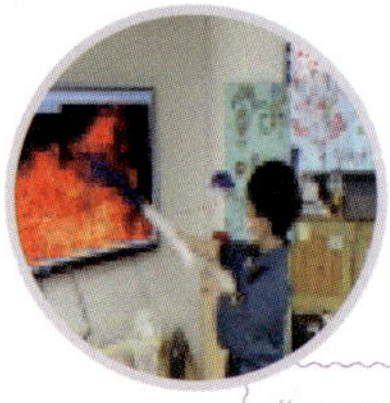

"우리 동네 공공기관 - 경찰서와 소방서"

〈협동심이 발휘되는 놀이 / 공간의 경계가 허물어지는 놀이〉

"소방관 아저씨! 여기에 불이 났어요! 이쪽으로 오셔서 불 좀 꺼주세요!"
"소방차가 잘 지나갈 수 있게 내가 경찰봉으로 길을 안내해 줄게."
"누가 불을 어떻게 냈는지 알아봐야겠어! 언제부터 불이 나기 시작했나요?"
"다 같이 불을 끄러 가자!"

"어! 이거 어제 우리가 만든 상자다. 여기에 매직으로 글자 쓰면 안 지워질까?"
"나는 소방차라고 적어볼래!"
"그럼 나는 저 상자에 경찰차 스티커를 붙여서 꾸며봐야지!"
"이 상자, 자동차 만들어서 놀이터로 나가서 놀아요!"

유아의 관심과 교사의 지원

- **관심**: 경찰관, 소방관의 복장, 경찰차, 소방차의 특징, 사용하는 물품들의 이름과 사용방법
- **지원**: 종이 블록을 불 도안으로 감싸 제시, 재활용품 상자, 매직, 물감 등 물리적 지원, 교실 내에서의 놀이를 유희실과 놀이터로 확장시켜 놀이를 즐겨볼 수 있도록 환경적 지원, 공공기관의 역할과 일하는 사람들 그룹 활동

교사의 생각

- 경찰차, 소방차로 놀이를 즐길 때 만들어져있는 놀잇감으로 놀이를 즐기는 것이 아니라 유아들이 직접 재료를 선택해 보고 협동하여 공동작품으로 자동차의 모습을 표현해 놀이를 즐기는 모습이 인상 깊었다. 경찰서 소방서 놀이를 즐기면서 놀이 속에서 흥미 주제에 연관된 안전교육이나 일상생활에 관해 자연스럽게 이야기 나누어보거나 활동을 진행해 보는 것도 좋을 것 같다.

놀이를 통한 배움

- **유아**: 내가 만든 놀잇감으로 친구와 협동하여 즐기는 **'성취감'**
- **교사**: 놀잇감과 공간에 대해 고민하고 변화시키는 **'환경 제공자'**

• 친구들과 협동하여 즐기는 출동 놀이! (구급차, 경찰차, 소방차 출동~!)
• 교실에서 유희실로 유희실에서 놀이터 앞마당으로 확장되어 전개되는 놀이

2. 놀이2 물이 궁금해요.

놀이환경 구성

'물과 함께하는 즐거운 놀이'

'우리 동네'라는 주에 흥미를 가지는 친구들과 공공기관 중 한 곳인 소방서, 그곳에서 일하는 소방관 놀이를 즐기며 유아들은 물총을 활용해 불을 꺼보는 간접 경험을 하게 된다. 이러한 경험을 계기로 '물'이라는 주제에 관심을 가지게 되고, 관심이 곧 유아들의 놀이로 표현되기 시작한다.

산들반 교실 상황

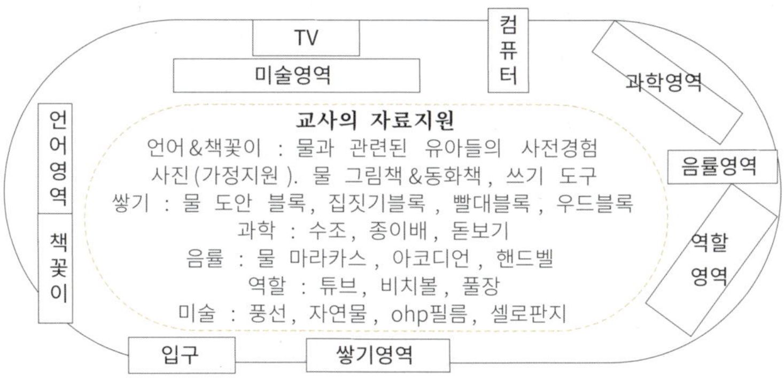

산들반의 모습

'물'에 대한 이전 경험(사전 놀이)을 이야기 나누어보거나 가정연계활동으로 물을 활용한 경험에 대한 사진, 물과 관련된 다양한 물품, 그림책과 동화책을 지원받으며 물에 대한 관심을 놀이로 표현해 본다. 교실 내에서 표현해 보았던 물에 대한 경험을 유희실, 실외 놀이터, 옥상 등을 오가며 다양한 공간과 놀잇감을 이용해 물과 관련된 지식과 경험을 쌓고 놀이를 즐길 수 있게 된다.

유아들의 흥미와 연계된 관심의 시작

"소방관이 되어 물총으로 물을 쏘니까 물감이 지워져요~"

"물이 궁금해요"
물에 대한 사전경험

"물의 변신"
다양한 공간에서 진행되는 놀이

"수박수영장"
그림책에 대한 관심을 시작으로 전개되는 놀이

"물로 즐길 수 있는 놀이"
가정지원물품으로 진행된 놀이

"숲 놀이 - 자연물 물고기"
숲과 연계되어 진행된 놀이

"물을 아껴요"
물 캠페인 활동

"물이 궁금해요"

〈사전경험으로부터 시작되는 관심과 놀이〉

"얘들아, 저기 좀 봐 빨간색 풍선에 불 그림 있어! 산에 불이 났나 봐!".

"우리 하나, 둘, 셋 하면 같이 물총을 쏘는 거야 어때?"

"하나, 둘, 셋! 불을 어서 끄자! 얘들아, 여기에도 불이 있어."

"물총을 계속 쏘니까 불 그림이 지워지네?"

"진짜로 소방관이 불을 물로 끄는 것 같아."

"저희 이책 같이 읽어봐요!"

"물을 찾아서? 물을 어디에서 찾는 거지?"

"저 물이 어디로 가는지 알아요! 이 물방울들은 전부 수증기가 되어서 하늘로 올라가요, 물방울은 구름이 되고요!"

"선생님, 저희도 물을 한 번 찾으러 밖으로 나가봐요! 나갈 때 현미경이랑 돋보기도 챙기는 게 좋겠어요."

유아의 관심과 고민, 교사의 지원

- **관심**: 물에 대한 사전경험, 물과 관련된 그림책과 동화책
- **고민**: "직접 물을 찾아봐요!", "또 우리가 물을 어디에서 사용하고 있지?"
- **지원**: 물에 대한 사전경험 이야기 나누기, 물을 관찰할 수 있는 다양한 관찰 도구 제시, 물의 이용 이야기 나누기 그룹 활동, 비가 온 뒤 어린이집 놀이터로 이동해 빗물 관찰, 물과 관련된 공간 블록으로 구성해 보기, 동화 감상, 여러 가지 색의 물감 물

학습공동체 협의

- **고민**: 구조적 놀잇감이 아닌 '물'이라는 흥미 주제로 놀이가 연계 및 확장이 되어 전개될 수 있을까?
- **협의**: 유아들의 사전경험을 바탕으로 이야기 나누기 활동을 진행하여 물에 대한 관심과 물의 이용, 물이 순환되는 과정에 대해 이야기를 해보고 관련된 관심을 바탕으로 놀이를 전개해 보는 것도 좋을 것 같다.

놀이를 통한 배움

- **유아**: 경험을 상상으로 상상을 놀이로 표현하는 '**창의성**'
- **교사**: 유아들의 사전경험으로 진행되는 놀이가 어떻게 전개되는지 놀이 모습을 관찰하며 '**지지해주기**'

• 우리 동네 풍경 감상하며 놀이 즐기기

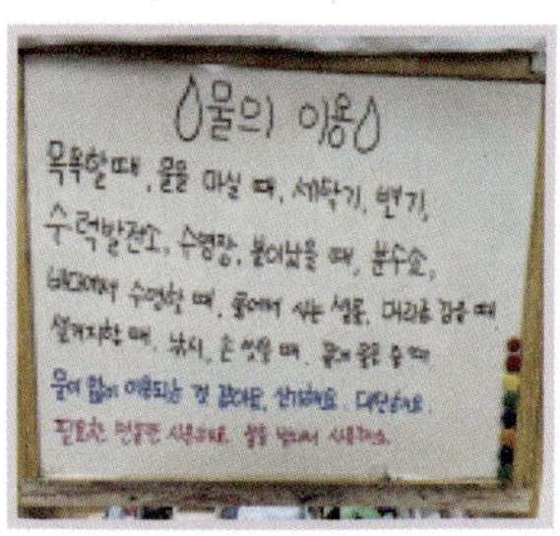

• 우리 동네에 놀러왔어요(극놀이)

• 우리 동네 자랑거리 발표(이야기 나누기)

"물의 변신"

<놀이 공간이 살아있는 놀이 / 협동심이 발휘 되는 놀이>

"얘들아, 여기 좀 봐! 블록이 물로 변했어."
"이 블록으로 도미노를 만들어보는 게 어때? 물 도미노가 되는 거야."
"물은 세워질 수가 없으니까 물을 얼려서 딱딱한 얼음이라고 하는 건 어떨까?"
"물길도 만들어 볼 수 있어!"
"이번에는 교실을 바다로 한번 만들어볼까?"
"손으로 물감을 비벼서 파도를 만들어도 돼요?"
"나는 테이프로 물고기를 만들어 볼게"
"바닥에 있는 파도보다 더 큰 파도를 만들어서 기둥으로 만들어보는 건 어떨까?"
"물기둥?"
"우리가 그린 그림 위에 물을 뿌리니까 점점 그림이 퍼져!"

유아의 관심과 교사의 지원

- **관심:** 물길 구성하기, 다양한 물의 모습, 친구들과 함께 표현하는 물 퍼포먼스
- **지원:** 바닥과 기둥 등 다양한 공간 교실 내 놀이 공간 확보, 물 도안을 감싼 종이 블록, 천, 물감, 스프레이, 사인펜, 물감이 천에 잘 스며드는 놀이 방법 선보이기

학습공동체의 생각

- **고민:** 유아들의 놀이 작품인 전지와 천을 환경판에 전시하지 않고 유아들의 의견을 수용하여 바닥 공간을 활용해 바다/파도의 모습을 표현하거나 천을 기둥에 감싸 물기둥으로 변화시켜보는 등 교실 내 공간을 다양하게 활용한 점이 긍정적으로 보이는 것 같다.
- **협의:** 개개인의 작품이 아닌 유아들이 협동하여 표현된 작품이 많이 보여 협동심이 많이 발휘된 놀이 같다. 창의적인 표현들이 많이 보이는데 유아들에게 또 어떤 방법으로 놀이를 즐겨보고 싶은지 제안하며 요구를 수용하는 방법도 좋을 것 같다.

놀이를 통한 배움

- **유아:** 친구와 함께 소통하며 놀이하는 즐거움 **'또래 친구와의 상호작용'**
- **교사:** 놀이 활성화를 위해 유아의 요구사항에 민감한 반응하는 **'지원자'**

• 파도의 모습
물감 퍼포먼스로 표현

• 다양한 재료로
구성하는 바다와 파도

• 재활용 천을 이용해
물기둥 만들기

"숲 놀이 – 자연물 물고기"

〈숲과 연계되어 이루어지는 놀이〉

"여기 좀 봐 얘들아, 저번에 왔을 때는 보라색 열매밖에 없었는데 오늘은 빨간색 열매도 있어~"

"바닥에 떨어진 낙엽들도 색이 다 달라!"

"우리 여기 봉투 안에 낙엽을 한번 모아볼까?"

"그럼, 나는 보라색 열매들만 모아서 넣어볼래!"

"나는 작은 돌멩이!"

"나는 봉투에 낙엽을 이만큼이나 모았는데 선생님이 여기에 안 빠지게 고무줄을 묶어주시니까 물고기 모양이 되었어!"

"매직으로 눈도 그려볼래!"

"이거 교실에 가져가서 더 꾸며보면 어때요? 어제 만든 폭포 옆에 한 번 붙여서 꾸며보고 싶어요."

유아의 관심과 교사의 지원

- **관심**: 다양한 크기와 종류의 자연물 관찰, 자연물로 표현할 수 있는 작품
- **지원**: 어린이집 근처 관악산 산책, 자연물을 다양한 방법으로 관찰해 볼 수 있도록 탐색 물품 지원, 함께 자연물을 찾아보며 이야기 나누기, 교실에서 놀이가 연계될 수 있도록 지원

학습공동체 협의

- **고민**: 숲과의 놀이를 교실에서의 놀이로 연계하여 놀이 전개를 확장시켜 보면 좋을 것 같다. 자연물로 만들어진 작품을 교실에 어떤 방법으로 전시해 볼 수 있을까?
- **협의**: 놀이를 회상할 수 있도록 유아들의 활동사진을 함께 인쇄해 작품과 전시를 해보는 것도 좋겠다. 숲에서 놀이할 때 뿐만아니라 교실에도 자연물을 비치해 놀이 속에서 자연물을 활용해 놀이를 즐기거나 작품을 구성해 볼 수 있도록 지원해 보는 방법도 좋을 것 같다.

놀이를 통한 배움

- **유아**: 궁금한 것에 대해 지속적으로 호기심을 가지고 탐구해 보는 '**탐구력**'
- **교사**: 숲과 교실에서의 교수매체와 공간에 대해 고민하고 변화시키는 '**환경 제공자**'

• 숲에서 자연물을 활용해 만든 물고기를 교실에 바다를 구성해 숲 놀이 사진과 함께 전시

"물로 즐길 수 있는 놀이"

〈가정과 연계되어 이루어지는 놀이〉

"재활용품으로 배를 만들어볼래."
"그럼 나는 종이접기로 배를 한 번 접어봐야지~"
"저희가 만든 배 물에 한 번 띄워보고 싶어요."
"친구들이 많으니까 어린이집 놀이터에 있는 큰 수조에 같이 띄워보는 거 어때요?"
"교실에서 다른 장난감들도 가져와서 띄워보자!"

"친구들이 가져온 재활용품 통으로 물 마라카스 만들어보는 게 어때요?"
"분홍색 물도 만들어 보고 싶은데 안에 물감도 넣어보자!"
"여기 바닥에 있는 조약돌도 넣으니까 소리가 들려!"
"드럼 안에 물을 채우니까 두드릴 때 물이 튕겨져 올라와 우리 같이 연주해보자!"

유아의 관심과 교사의 지원

- **관심**: 가정에서 지원받은 재활용품, 물총놀이, 낚시놀이, 수상가옥 구성하기
- **지원**: 다양한 크기와 종류의 재활용품, 낚시 놀잇감, 튜브, 자연물과 여러 가지 미술 재료, 놀이공간이 확장되어 놀이가 전개될 수 있도록 환경지원. 가정과 놀이가 연계될 수 있도록 안내.

학습공동체 협의

- **협의**: 교실 내 환경 구성이 유아들의 작품과 놀이 흐름이 잘 보여 어떠한 놀이가 전개되고 있는지 한눈에 드러나는 것 같다. 가정 지원 물품으로 책, 놀잇감 등을 지원받아 가정-어린이집과의 놀이 연계가 잘 이루어지고 있는 것이 보인다. 유아들의 흥미 주제인 물과 여름이라는 계절을 연계하여 물놀이를 원내에서 직접 즐겨보는 방법도 좋을 것 같다. 유아들이 직접 만들 작품을 활용해 실외 놀이공간으로 이동해 놀이를 즐겨보며 확장시켜보는 것도 좋을 것 같다.

놀이를 통한 배움

- **유아**: 직접 선정한 놀잇감으로 흥미 주제에 대한 놀이를 즐겨보는 **'주도성'**
- **교사**: 유아들의 놀이에 함께 참여하며 놀이 방법을 함께 고민해보는 **'놀이 지원자'**

• 여름과 관련된 가정지원물품

• 재활용품으로 만드는 물 마라카스와 물 드럼

• 원내 물놀이 (물풍선 놀이, 물총놀이)

"수박수영장"

〈그림책으로부터 시작되는 관심과 확장되는 놀이〉

"수박수영장? 수박에서 어떻게 수영을 하지? 그런데 엄청 재미있겠다. 먹으면서 수영할 수 있잖아."

"수박이 사각거려서 밟으면서 움직이면 사각사각 소리가 날 것 같아."

"선생님이 불어주신 빨간색 풍선에 우리가 매직으로 씨를 그려서 수박을 만들어볼까?"

"칠판에다가 간판도 만들어서 수영장 만들어보자!"

"풍선을 여기 수영장에 다 담아~ 그러면 수박수영장으로 변신하는 거야!"

"수박수영장에 계단이랑 미끄럼틀도 만들어 보는 건 어떨까요?"

"미끄럼틀에 물도 뿌려주시면 안 돼요? 워터 슬라이드처럼 말이에요!"

유아의 관심과 고민, 교사의 지원

- **관심**: 『수박수영장』 그림책, 수박 표상 활동, 수박수영장 구성하기, 수영장 놀이
- **고민**: "수영장을 직접 만들어봐요!", "수영장을 어떻게 만들어보지?"
- **지원**: 그림책 함께 감상, 그림책을 감상한 후 자신의 생각, 느낌, 감정 이야기 나누기, 수박과 관련된 놀이소품지원, 수박 실물자료 제시, 교실과 유희실 · 어린이집 앞마당을 활용한 환경 지원

학습공동체 협의

- **생각**: 유아들의 놀이에 섣불리 개입하기보다 유아들이 관심을 보이는 그림책을 함께 감상해 본 후 놀이가 어떻게 전개되는지 관찰해 보며 지원해 보려고 한다.
- **협의**: 그림을 그리거나 종이를 잘라 수박의 모습을 표현하는 유아들에게 입체적인 놀잇감을 제시해 놀이를 확장 시켜 즐겨보는 것도 좋을 것 같다. 교실에서 진행되고 있는 수박수영장 놀이를 실외 공간으로 뻗어나갈 수 있도록 제안해 보는 것도 좋겠다.

놀이를 통한 배움

- **유아**: 그림책 내용을 회상하며 상상 속 장면을 놀이로 표현하는 '**창의성**'
- **교사**: 유아들의 흥미 주제와 놀이에 필요한 지원 물품을 파악하며 지원해보는 '**민감성**'

• 여러 가지 놀이소품을 이용해 수박의 모습을 표현하고 수박수영장 간판을 만들어보거나 풀장과 책상, 장애물을 이용해 산들반만의 수박수영장 모습을 구성해 신체 놀이 즐기기

"물을 아껴요 캠페인"

〈녹색교육과 연계되는 놀이 / 친구들과 소통하며 함께하는 놀이〉

"물은 우리 생활에서 엄청 많이 쓰는구나!"
"물을 아껴서 써야 해. 아프리카는 물이 없어서 목마를 때 검은색 더러운 물을 마신대!"
"물을 마실 만큼만 물통에 담아서 먹어요!"
"양치할 때도 컵에 물을 받아놓고 물을 꺼야 해요!"

"사람들한테 물을 아끼라고 알려줘요!"
"그림도 그리고 글자도 적어서 포스터를 만들어 보는 게 어때요?"
"동생들도 볼 수 있게 유희실에 붙여놓을까요?"
"제가 직접 붙여보고 싶어요~"

유아의 관심과 교사의 지원

- **관심**: 물을 아낄 수 있는 방법, 캠페인 활동, 물 절약 실천
- **지원**: 캠페인의 목적 이야기 나누기 그룹 활동, 물을 아껴 쓸 수 있는 방법 토의해보기, 표현해 보고 싶은 포스터 그림 의사소통 하며 조율해보기, 여러 가지 그리기 도구, 포스터 내용과 관련된 장소에 포스터 부착해 볼 수 있도록 돕기

학습공동체 협의

- **고민**: 물에 대한 놀이 주제를 더 확장할 수 있는 방법이 있을까?
- **협의**: 유아들의 흥미 주제와 녹색 교육을 연계하여 놀이를 확장 시켜보는 것은 어떨까? 유아들과 의사소통하면서 다른 사람들에게 우리의 생각을 전달 할 수 있는 방법을 알아보며 연계하는 것도 좋을 것 같다. 산들반 교실뿐만 아니라 유희실이나 어린이집 대문과 같은 실외 공간에도 유아들의 포스터를 부착하여 다른 영유아들도 함께 감상하고 실천해볼 수 있도록 각 반 담임 선생님들이 이야기 나누어 주는 것도 좋겠다.

놀이를 통한 배움

- **유아**: 나의 생각과 친구의 생각이 다름을 인정하고 의견을 조율하며 놀이하는 **'사회관계'**
- **교사**: 놀이는 일상과 생활의 **'매개체'**

• 물을 아껴 사용할 수 있는 방법을 이야기 나눈 뒤 포스터를 만들어 다른 반 동생들도 물 아껴 사용하기 캠페인에 동참할 수 있도록 산들반의 생각을 공유해보기

산들반 놀이 흐름

한 눈으로 보는 2학기 놀이과정

9월 종이로 할 수 있는 놀이

우리 주변에서 볼 수 있는 종이
& 숲에도 종이가?!

10월 종이놀이

종이죽으로 만들어요.
종이를 아껴쓰는
우리들의 약속

11월 환경을 지켜요

재활용품 만들기
자연물로 땅 속 세상
구성하기

12월 겨울이 왔어요

겨울엔 붕어빵!
친구들과 함께 겨울놀이

1월 초등학교에 가요!

초등학교에 있어요!
스스로 가방을 챙겨요

2월 우리 모두 안녕,

내가 친구의 히어로!!
초등학생인 나의 모습

3. 놀이3 종이 놀이

놀이환경 구성

종이로 할 수 있는 놀이

미술놀이를 즐기던 유아들이 교사에게 종이를 달라고 제시하고, 교사가 다양한 질감과 크기의 종이를 제공하자 유아들이 다양한 종이에 관심을 가지고 의사소통 하게 된다.
유아들의 관심을 '종이로 할 수 있는 놀이' 로 연결하여 다양한 흥미주제로 놀이가 전개된다.

산들반 교실 상황

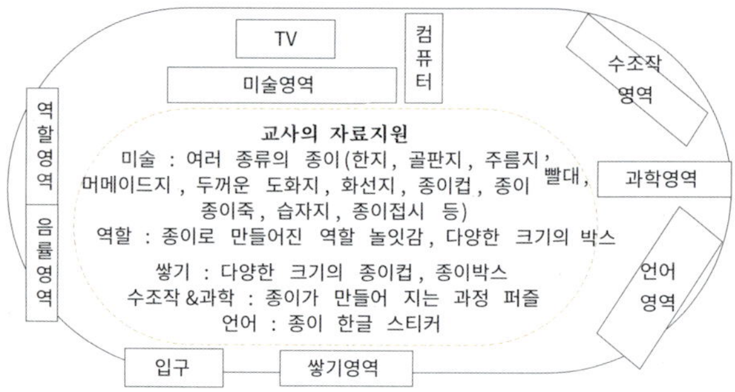

산들반의 모습

한지, 골판지, 주름지, 습자지, 머메이드지, 두꺼운 도화지, 화선지, 종이컵, 종이 빨대, 종이죽, 종이접시 등의 다양한 종이로 만들어진 놀잇감을 배치하여 종이로 할 수 있는 흥미 주제로 진행된다. 또한 실외 공간 등의 다양한 공간적 지원을 통하여 종이로 할 수 있는 놀이를 즐긴다.

유아들의 흥미와 연계된 관심의 시작

"선생님 미술영역에 종이 넣어주세요"

"종이를 활용한 놀이해요"
색종이접기/ 종이비행기

"전지로 책상 구성해보기"
우리 교실의 책상을 꾸미기

"우리 주변에서 볼 수 있는 종이"
일상생활 속 종이 찾아보기

"협동화를 만들었어요!"
협동화 만들기

"딱지치기!"
딱지접기/ 딱지치기

"자연물로 만든 내 모습"
종이박스로 내 모습 만들기

"종이죽으로 점토놀이!"
종이죽으로 전통탈 만들기

"종이를 활용한 다양한 놀이"

〈유아의 관심 / 유아가 발견한 놀이〉

"선생님 여기 종이가 정말 많아요." "다른 종이는 없어요?" "선생님 이 종이는 너무 울퉁불퉁해서 그림이 잘 그려지지가 않아요. 다른 종이로 해보면 안 돼요?" "이것보다 더 큰 종이로 만들어볼까?" "우와 큰 종이는 가위로 자르기가 어렵네. 도와줄게"	"색종이로 종이비행기를 접어볼까?" "우리가 접은 비행기를 꾸며주자." "비행기 시합을 해보는 건 어때?" "여기 종이접기 책에 꽃이 있다. 우리 꽃을 접어보자~" "환경판에 우리가 만든 꽃을 무지개처럼 붙여보자."

유아의 관심과 고민, 교사의 지원

- **관심**: 종이로 할 수 있는 놀이, 종이접기
- **고민**: "종이로 어떤 놀이를 할 수 있을까?"
- **지원**: 다양한 종류와 질감의 종이 제시, 교실 내에서 종이 놀이를 다양하게 표현할 수 있는 공간 지원, 다양한 질감의 종이에 대한 탐색에 대한 상호작용 지원

교사의 생각

- 유아들이 미술영역에 종이를 제시해 달라는 제안을 하여 다양한 종류와 질감의 종이로 만들기, 쌓기, 이야기 나누기, 수조작, 관찰 등 다양한 놀이가 진행되었고, 유아들의 제안으로 교실을 벗어나 실외공간이나 유희실에서도 놀이가 전개되었다. 교실 안이 아닌 교실 밖에서도 놀이가 연계되니 더욱 흥미를 보이는 유아들이 많았다.

놀이를 통한 배움

- **유아**: 상대방에게 요청하고, 자신의 의사를 표현하는 **'자신감'**
- **교사**: 놀이를 평가하고, 연계 놀이를 이끌어내는 **'평가자'**

• 종이 비행기 날리기

• 다양한 종이로 접는 종이접기

• 색종이로 만드는 꽃 (환경판 꾸미기)

"다양한 종이의 종류"

〈재료의 새로운 발견 / 함께 구성하는 교실〉

"여기에 못 보던 종이가 있네?" "한지? 종이가 조금 거칠거칠 한 것 같기도 하고 잘 찢어지는 것 같아요." "한지 말고도 다른 종이는 없을까?" "그럼 우리가 찢어서 종이에 한 번 붙여보는 건 어때?" "선생님 이 종이도 우리가 그림을 그릴 수 있는 종이에요?"	"우리는 돼지 나라 만들어 볼까? 이 종이에 가득 돼지를 그리고 종이접기로도 접어서 붙여 보는 거야." "나는 무지개를 크게 그려서 무지개 책상으로 만들어 볼래." "저희가 만든 걸로 책상 바꿔주세요~"

유아의 관심과 고민, 교사의 지원

- **관심**: 다양한 종이 탐색하기, 종이를 활용하여 우리 교실 꾸미기
- **고민**: "우리가 쓰는 종이 말고 다른 종이는 없을까?", "이렇게 큰 종이에 어떤 것을 그려볼까?"
- **지원**: 전지, 전지 위에 다양하게 유아의 생각을 표현할 수 있는 그리기 도구 지원, 다양한 종이 종류와 탐색해 보며 상호작용 지원, 교구장과 책상 벽면에 부착하여 공간 지원

교사의 생각

- 유아들이 전지를 활용하여 자신만의 생각을 자유롭게 표현할 수 있도록 이야기 나누고, 유아들의 흥미에 따라 다양한 놀이 재료를 즉각적으로 지원하였다. 그리고 유아들의 제안으로 교실 교구장과 책상 벽면에 부착해보며 어떤 책상을 만들어 보고 싶은지 모둠을 정하여 상호작용하며 놀이가 전개되었다.

놀이를 통한 배움

- **유아**: 자신의 의사를 표현하고, 상대방의 의사를 존중하는 **'안내자'**
- **교사**: 다양한 놀이와 활동을 경험할 수 있도록 지원하는 **'지원자'**

• 커다란 전지에 자유롭게 표현하기

• 색종이로 무지개 나라를 꾸며요

• 전지에 그리는 그림 (책상 꾸미기)

"협동화 그리기"

〈재료의 새로운 발견 / 함께 구성하는 교실〉

"선생님 전지 주세요! 저번처럼 큰 종이에 협동하며 다 같이 그림 그려봐요."
"전지 정말 크다!"
"내가 먼저 여기에 그릴게"
"저 협동 뜻 알아요. 다 같이 힘을 합치는 것을 협동이라고 해요. 저번에 알려주신 것 기억해요!"
"그럼 친구들 한 명 한 명 자기 것만 하니까 다투지 않겠네요?"
"그런데 어떻게 따로따로 그려서 그림을 완성할 수 있어요?"
"선생님, 친구들이 그린 그림을 다 합치니까 정말 커요!"
"그림을 합치니까 무슨 그림인지 보이는 것 같아! 내가 꾸민 부분이 저 집뿐이었어!"
"그렇네! 내가 만든 부분은 여기야! 어때?"

유아의 관심과 고민, 교사의 지원

- **관심**: 전지, 또래와 함께하는 협동화 제작
- **고민**: "어떻게 따로따로 그림을 그리는데 하나의 그림으로 만들 수 있어요?"
- **지원**: 협동화를 다양하게 꾸며보고 작품을 만들어볼 수 있는 그리기 도구 지원, 협동화를 그릴 수 있도록 다양한 도안 지원, 유아들의 작품을 교실 벽면에 전시하여 공간 지원

교사의 생각

- 협동화에 관심을 보이는 유아들과 함께 놀이를 시작했으나 활동에 어려움을 느끼는 유아들이 있어 교사가 먼저 시범을 보이니 더욱 적극적으로 놀이에 참여하기 시작하였다. 그리고 협동화 결과물에 대한 유아들의 의견을 조율하여 전시 위치를 선정해보며 놀이가 전개 되었다.

놀이를 통한 배움

- **유아**: 자발적으로 참여하고 놀이하며 탐구하는 **'탐구자'**
- **교사**: 유아들의 흥미와 관심에 따라 놀이를 제안하는 **'제안자'**

• 협동화 그리기

"우리주변에서 볼 수 있는 종이"

〈일상생활하며 놀이하는 / 놀이하며 발견한 새로움〉

"우리 주변에서 볼 수 있는 종이 저 알아요! 바로 햄버거 포장 종이에요~ 사실 주말에 저 햄버거 먹었는데 종이에 포장해서 주시던데요?"

"색종이도 있고, 종이책도 있고, 쇼핑백도 있고, 이면지랑 신문지도 종이 아닐까요?"

"선생님 교실에서 종이가 정말 많아요."

"이렇게 구멍 뚫린 종이 이름은 뭐라고 해요?"

"종이접시도 종이로 만들어진 거 맞죠?"

"우리 교실에서 직접 종이를 찾아봐요!"

"우리가 찾아서 붙인 종이들 위에 제목을 만들어서 한 번 전시할래요!"

"과학영역에 두는 게 좋겠어요!"

유아의 관심과 고민, 교사의 지원

- **관심**: 우리 주변에서 볼 수 있는 종이, 종이를 활용한 놀이
- **고민**: "우리 주변에서 볼 수 있는 종이는 어떤 것이 있을까?", "다양한 종이를 어떻게 전시할 수 있을까?"
- **지원**: 우리 교실에서 볼 수 있는 다양한 종이를 전시할 수 있도록 지원, 유아들이 일상생활에서 자연스럽게 사용하는 종이에 대해 이야기 나누며 언어적 지원

교사의 생각

- 구조적 놀잇감이 아닌 비구조적 놀잇감인 '종이'를 유아들이 직접 생각해보고, 찾아보니 자연스럽게 더욱 놀이에 애착을 느끼며 적극적으로 참여하는 모습을 볼 수 있었다. 그리고 앉아서 진행하는 놀이가 아닌 함께 교실을 이동하며 놀이하다 보니 유아들의 흥미도와 관심도가 높았으며, 교실뿐만 아니라 우리 주변에서 볼 수 있는 종이에 대해 이야기를 나누며 놀이와 이야기가 확장되었다.

놀이를 통한 배움

- **유아**: 궁금한 것에 대해 호기심을 가지고 탐구해보는 **'탐구력'**
- **교사**: 유아의 생활 속 경험을 토대로 지식,태도,기능의 형성을 지원하는 **'교수자'**

• 브레인스토밍
– 우리 주변의 종이

• 우리 교실에서 사용하는
종이를 찾아라!

• '우리 주변의 종이'
전시품

"딱지치기"

〈유아의 관심과 흥미로 시작된 놀이〉

"여기 종이접기 책에 딱지 접기 있다! 딱지 접어볼까?"
"저번에 선생님이 접어주셨는데 기억이 안 나네."
"다 같이 딱지 접기 해보면 안 돼요?"
"딱지를 접으려면 종이가 두 장이 필요한데..."
"친구들이랑 헷갈리지 않게 내 것은 스티커로 꾸며 줘야지~"
"우리가 접은 딱지로 딱지치기 해보자."

"친구들이 전부 다 같이 있으니까 순서를 정하기가 어려워."
"팀을 나눠서 놀자~"
"내가 테이프로 딱지판을 만들어볼게"
"순서를 정해서 딱지치기 해보자."
"교실은 너무 좁아서 친구들이랑 자꾸 부딪혀요."
"놀이터에서 시합해보자~"

유아의 관심과 고민, 교사의 지원

- **관심**: 딱지 접는 방법, 딱지의 여러 가지 종류
- **고민**: "친구들과 다 같이 딱지치기 하는 방법은 어떤 것이 있을까?"
- **지원**: 딱지에 관한 사전 경험 나누기, 딱지 접는 방법 영상과 딱지를 접기 위해 필요한 재료 등 물리적 지원, 다 같이 딱지치기 게임을 하기 위한 방법을 협의하는 등의 언어적 지원, 교실에서의 제한적인 공간에서 실외로 연계해 놀이를 확장해 나갈 수 있도록 지원.

교사의 생각

- 종이접기 책이 아닌 영상이라는 매개체를 이용해 많은 유아가 딱지 접기를 쉽게 익힐 수 있도록 지원해주는 것 또한 새로운 접근이었던 것 같았다.
- 스스로 딱지 접기를 시도해봄으로써 성취감과 자신감을 얻었을 것 같았다.
- 게임규칙, 게임방법 등을 서로 의논하고, 서로의 의견을 조율하며 놀이를 진행해 나가는 모습이 인상 깊었다.

놀이를 통한 배움

- **유아**: 놀이를 제안하고 다양한 방법으로 활동을 이끌어 가기 **'주도성'**
- **교사**: 흥미를 가지고 있는 유아들이 다 함께 참여할 수 있도록 방법을 지원해 주는 **'놀이지원자'**

• 딱지접기

• 산들반 딱지치기 시합놀이

“상자종이와 자연물로 만든 내 얼굴”

〈숲과 연계되어 이루어지는 놀이〉

“얘들아, 여기 좀 봐 이제 초록색 나뭇잎만 있는 게 아니라 노란색도 있고 주황색도 있고 여긴 점점 빨갛게 변하는 낙엽도 있어.”

“조심조심 가야 해. 숲에서 마구 뛰면 넘어질 수 있어. 그렇죠. 선생님?”

“그럼 우리 여기까지만 내려가자.”

“선생님이 동그랗게 잘라주신 상자로 얼굴을 만들어 볼 수 있을 것 같아요.”

“나는 나뭇잎으로 머리카락을 만들어서 붙여봐야지~”

“나는 나뭇잎 턱수염을 만들어 볼 거야.”

“우리 반 친구들이 만든 얼굴들이 다 달라요! 머리 묶은 친구도 있어요!”

“내 모습 멋지지!”

유아의 관심과 고민, 교사의 지원

- **관심**: 종이를 활용하여 만드는 얼굴, 숲에서 볼 수 있는 자연물
- **고민**: “자연물로 어떻게 내 얼굴을 꾸밀 수 있을까?”
- **지원**: 관악산 동산에서 놀이가 연계되도록 환경적 지원, 유아들의 놀이 전개 과정을 관찰하며 표현하는 작품에 대해 언어적 · 비언어적으로 지지 및 독려하여 정서적 지원

교사의 생각

- 유아들의 놀이에 필요한 다양한 미술 재료와 자연물이 더해져 더욱 풍요로운 놀이 재료가 제공되었던 것 같다. 공간의 제약 없이 더욱 자유롭게 놀이가 진행되었던 것 같다. 숲에서 만든 작품을 교실과 연계하여 교실에서의 또 다른 놀이가 진행되어도 좋을 것 같았다.

놀이를 통한 배움

- **유아**: 궁금한 것을 탐구하고 배움을 실천하는 **‘탐구자’**
- **교사**: 동료 교사와 함께 고민하여 유아의 흥미와 요구에 민감하게 반응하는 **‘공동체의식’**

• 숲에서 자연물과 종이상자를 활용한 얼굴 꾸미기

"종이죽으로 전통탈을 만들어보아요"

〈관찰과 탐색으로 시작되는 놀이 / 오감놀이〉

"선생님! 이거 새로운 클레이예요?"
"종이죽? 그럼 이게 종이인 거예요?"
"이거 진짜 종이처럼 뜯겨."
"딱딱하게 굳고 나면 색칠도 해볼 수 있어요?"
"탈을 어떻게 만들지?"
"이거 마르려면 얼마나 걸려요?"
"선생님 제가 만든 탈은 웃고 있는 것 같죠?"
"이번에는 여기 점토틀에 있는 작은 탈 모양으로 한 번 만들어볼까?"
"저기 교구장 위에 전시해서 말리고 싶어요?"
"내가 만든 탈 표정은 엄청 웃고 있어. 행복한가 보다."
"여기 볼이 빨갛게 칠해야지. 꼭 웃고 있는 것 같아."
"종이죽 느낌 신기하다!"

유아의 관심과 고민, 교사의 지원

- **관심**: 종이죽 탐색하기, 전통탈의 모습
- **고민**: "종이죽으로 무엇을 만들 수 있을까?"
- **지원**: 종이죽과 점토의 차이점과 특징, 촉감 등을 이야기 나누며 놀이 지원, 종이죽을 이용해 탈을 표현해보고 싶어하는 유아들을 위해 탈 모양틀과 탈 사진 지원

교사의 생각

- 유아들과 종이에 대해 알아보던 중 종이로 만들어진 종이죽이라는 것이 있다는 것을 알게 되어 유아들에게 제시해주니 일반 점토와의 차이점에 대해 비교해보며 탐색하며 놀이할 수 있었다. 유아들의 흥미 주제인 추석의 전통놀이를 연계하여 전통탈 만들기 놀이로 표현해 보았다.

놀이를 통한 배움

- **유아**: 적극적으로 관찰 및 탐색하고 다양하게 시도하는 '**탐구심**'
- **교사**: 유아에게 새로운 배움과 도전을 지원해주고 잠재적인 힘을 이끌어주는 '**조력자**'

• 종이죽 탐색하기

• 종이죽으로 만드는 전통탈

4. 놀이4 환경을 지켜요.

놀이환경 구성

재활용품으로 환경을 아끼는 놀이

종이로 놀이하는 것에 관심을 가지던 유아들이 가정지원물품으로 받은 다양한 종류의 재활용품을 활용하여 미술놀이를 즐기며 의사소통 하게 된다. 유아의 흥미를 따라가며 '재활용품으로 환경을 아끼는 놀이를 즐겨요' 로 놀이가 전개된다.

산들반 교실 상황

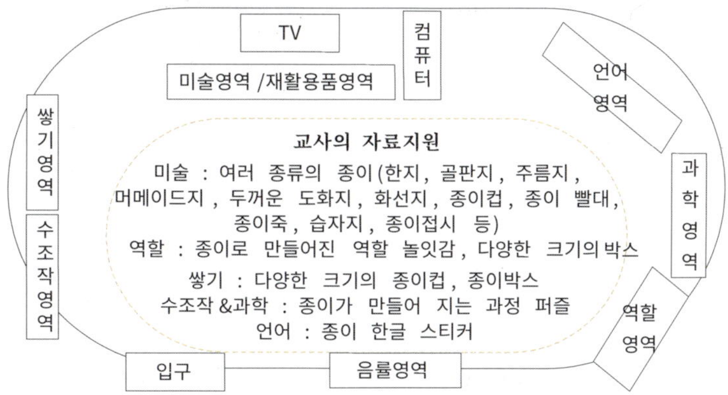

산들반의 모습

가정과 연계하여 가정지원물품으로 교실 내에 재활용품 장을 제시해주어 다양한 재활용품을 유아들이 자유롭게 사용할 수 있도록 교구장을 배치하여 공간적 지원을 제공한다. 재활용품을 다시 사용해보며 놀이할 수 있는 방법에 대해 이야기 나누어 보고, 일상생활 속에서 환경을 아끼는 방법을 알며, 실천할 수 있는 방법에 대해 이야기 나누어 보며 놀이를 즐긴다.

유아들의 흥미와 연계된 관심의 시작

"선생님 이렇게 종이를 많이 쓰면 다 어떻게 버려요?

"종이컵만 있어도 놀이할 수 있어요!"

"신문지 게임을 즐겨요"
신문지로 할 수 있는 신체게임

"휴지심이 가을 나무가 된대요"
휴지심으로 가을나무 만들기

"씽씽 재활용품 봅슬레이!"
재활용품으로 봅슬레이 만들기

"재활용품 악기로 연주해요!"
재활용품으로 악기 만들기

"재활용품 놀잇감"
유아들의 제안으로 이루어지는 놀이

"우리가 먼저 할래요!"
환경보호약속 만들기

"종이컵으로 놀이해요"

〈상상력과 창의성을 발휘하는 놀이〉

"여기 친구들이 종이컵이랑 휴지심도 많이 가져왔어!"
"이걸로 성을 한 번 만들어 보는 게 어때?"
"이번에는 네가 여기 누워봐. 우리가 너를 만들어 볼게!"
"내가 먼저 쌓아도 될까?"
"내 키보다 더 높게 쌓은 것 같은데?"
"아니야 한 줄 더 쌓아야 할 것 같은데?"

"내가 이걸 안 무너뜨리고 여기에서 탈출할 수 있을까?"
"선생님. 이렇게 만들어야 하는데 종이컵이 부족해요. 더 주세요."
"내가 가진 종이컵이 조금 더 큰 것 같네! 이걸로 높이 쌓으면 되겠다!"
"선생님 종이컵으로 계속 놀이하고 싶어요!"

유아의 관심과 교사의 지원

- **관심**: 종이컵, 종이컵으로 하는 놀이
- **지원**: 종이컵을 활용하여 쌓기 놀이를 하는 유아들을 위하여 충분한 양의 종이컵 지원, 크기가 다양한 종이컵 지원, 유아들의 선택을 지지하는 정서적 지원, 함께 놀이하며 즐거움과 행복을 느끼는 유아들의 상호작용 지원

교사의 생각

- 가정지원물품으로 받은 종이컵을 사용하여 유아들과 서로 누운 자리를 종이컵을 쌓아 만들어 보기도 하고, 종이컵 성을 만들어 보며 높이 쌓기 위하여 어떤 방법을 사용하면 좋을지 이야기 나누어 보았다. 그리고 유아들과 다양하게 놀이할 수 있는 방법을 이야기 나누며 찾아볼 수 있었다.

놀이를 통한 배움

- **유아**: 친구와 함께 소통하며 놀이하는 즐거움 '**또래 친구와의 상호작용**'
- **교사**: 유아들의 놀이흐름을 따라가며 함께 즐거움을 느끼는 '**참여자**'

• 종이컵 쌓기놀이

• 종이컵으로 친구의 몸 만들기

"신문지 게임을 즐겨요!"

〈즐거움에 협력심을 더한 놀이〉

"신문지를 엄청 많이 가져왔네?"

"신문지 구겨서 던지기?"

"그건 위험해.", "공평하게 팀을 정해봐요."

"신문지 밖으로 발이 나오면 끝이야! 아까 우리가 규칙 정했잖아~"

"우와! 진짜 잘한다. 바닥에 하나도 안 닿아서 이번엔 우승했다!"

"저기 화면에 보이는 친구들처럼 우리도 신문지 찢어서 재미있게 놀이해보는 게 어때요?"

"얘들아, 하나, 둘, 셋 하면 위로 던져보자."

"이번에는 친구가 누우면 우리가 신문지로 돌돌 감싸줄까?"

"신문지로 할 수 있는 게 정말 많은 것 같아!"

유아의 관심과 고민, 교사의 지원

- **관심**: 신문지로 다양하게 놀이하는 방법, 신문지 놀이
- **고민**: "신문지로 어떤 놀이를 해볼 수 있을까?", "게임을 해보는 건 어때?"
- **지원**: 노래를 부르며 게임하는 유아들을 위하여 율동과 동요 음원 지원, 신체활동을 위해 교구장과 책상 위치를 변경한 환경적 지원, 안전 규칙을 지키며 놀이할 수 있도록 지원

학습공동체 협의

- **고민**: '신문지'라는 자료가 신체 활동뿐만 아니라 다양한 영역과 연계되어 놀이를 확장시킬 수 있는 방법은 없을까?
- **협의**: 초등연계활동으로 확장시키면 좋을 것 같다. 글자에 관심을 보이니 신문지 속에서 이름 글자 찾기, 아는 글자 찾기 등을 해보는 건 어떨까? 가정연계활동으로 신문지 속 가족 이름 글자 찾아보기를 해보는 건 어떨까?

놀이를 통한 배움

- **유아**: 놀이 속 약속의 규칙과 필요성을 아는 '**사회적규범 이해**'
- **교사**: 놀잇감과 공간에 대해 고민하고 변화시키는 '**환경 제공자**'

• 신문지 게임

• 신문지에서 내가 아는 글자 찾아보기

• 가정연계 – 신문지 속 가족이름찾기

"휴지심으로 만드는 가을나무"

〈장애유아로부터 시작된 놀이 / 계절을 느끼는 놀이〉

"여기 좀 봐! 가을 나무다! 사진 보니까 가을이 느껴지는 것 같지 않아?" "가을에 단풍잎이랑 은행잎이 나오잖아!" "빨간 단풍잎만 있는 나무도 있고, 노란색만 있는 나무도 있고, 초록색, 노란색 다 붙어 있는 나무도 있어!"	"나는 동글동글 동그라미 모양이 많은 나무 모양으로 나무를 꾸며 봐야지." "여기 있는 휴지심으로 나무 기둥을 들어 보는 건 어떨까요?" "한지랑 습자지랑 달라요? 이걸 동그랗게 꾸겨서 나뭇잎처럼 풀로 붙여봐야지~" "와~ 네 것 단풍잎이 가득해."

유아의 관심과 고민, 교사의 지원

- **관심**: 유아와 교사가 가을의 변화 그림카드를 보며 의사소통하는 모습
- **고민**: "가을 나무는 어떻게 변하지?", "나무를 어떤 방법으로 표현할 수 있을까?"
- **지원**: 장애유아들과 언어적, 비언어적 소통을 하며 계절의 변화와 관련된 사전 경험 상호작용, 가을 나무를 꾸미기 어려워하는 모습을 보이는 유아들을 위한 모델링

교사의 생각

- 장애유아와 교사가 가을의 변화 그림카드를 보며 새로운 계절을 맞이하여 변화된 모습들을 이야기 나누어 보는 중 교실 내 유아들이 등원하며 보았던 붉고 노랗게 변한 나무들의 모습에 대해 이야기 나누어 보았다. 그리고 가정지원물품으로 받은 휴지심을 활용하여 가을 나무를 표현하는 방법을 이야기 나누며 놀이를 진행해 볼 수 있었다.

놀이를 통한 배움

- **유아**: 서로의 생각을 공유하며 서로의 다름을 이해하고 존중하는 **'또래 친구와의 상호작용'**
- **교사**: 장애유아가 놀이를 즐길 수 있도록 독려하며 지원하는 **'정서적지원'**

• 가을 나무 탐색하기

• 휴지심으로 가을 나무 꾸미기

"씽씽! 재활용품 봅슬레이"

〈가정과 연계되어 이루어지는 놀이〉

"선생님! 저번에 만든 공 미끄럼틀 또 만들고 싶어요." "페트병은 휴지심보다 단단해서 더 안 잘라 질 것 같은데 선생님이 도와주세요." "선생님 이 블록도 이어서 붙이면 더 잘 굴러갈 것 같은데요?" "제가 길처럼 길게 만들어볼게요."	"우와~ 이거 꼭 봅슬레이 같아!" "그럼 휴지심 위에 봅슬레이를 올려볼까?" "우리가 만든 봅슬레이 어디에다가 전시해볼까?" "여기 벽에 붙여주시면 안 돼요?" "저희가 하고 싶을 때마다 놀이하고 싶어요." "봅슬레이가 슈웅~ 내려간다! 조심해!"

유아의 관심과 고민, 교사의 지원

- **관심**: 재활용품으로 놀이하는, 다양한 재활용품
- **고민**: 우리 교실에 있는 재활용품으로 무엇을 만들까?
- **지원**: 재활용품으로 놀이하고 싶다는 유아들의 제안을 수용, 페트병은 단단하게 고정할 수 있는 방법에 대해 상호작용 지원, 다양한 재활용품과 꾸미기 도구 지원

교사의 생각

- 종이를 사용하며 놀이하던 유아들이 페트병, 종이상자, 휴지심 등 다양한 재활용품을 사용한 놀이에 관심을 가지게 되었다. 유아들과 페트병과 같은 딱딱한 것을 자를 때는 어떤 방법이 있을지 이야기 나누어 보고 안전하게 자르며 놀이할 수 있는 방법에 대해 이야기 나눌 수 있었다.

놀이를 통한 배움

- **유아**: 유아가 가진 잠재력과 호기심을 놀이로 발현하며 힘을 키우는 '**잠재적능력**'
- **교사**: 유아의 놀이와 배움을 재이해할 수 있도록 안내하는 '**안내자**'

• 휴지심으로 만든 공미끄럼틀

• 재활용품 봅슬레이

• 우리들의 놀이동산 만들기

"재활용품 악기로 연주해요"

〈감수성을 키우는 놀이〉

"재활용품 노래는 없을까?"
"팀을 나누어서 노래를 불러보는 건 어때요?"
"악기 연주하면서 노래 부르고 싶어요."
"다 같이 흔드니까 시끄러워요. 같은 악기끼리 나누어서 연주하는 건 어때요?"
"손 유희로 노래 부르면 더 재밌을 것 같아요."

"재활용품으로 악기를 만들어 보는 건 어때?"
"여기 상자를 이렇게 세우면 피아노가 될 거 같은데?"
"피아노 소리가 나면 좋을 것 같은데..."
"도화지에 검은색 건반을 그려서 상자 위에 올려볼까?"
"종 속에 방울을 넣으면 소리가 나겠다!"

유아의 관심과 고민, 교사의 지원

- **관심**: 재활용품을 활용한 놀이, 재활용품 악기 연주하기
- **고민**: 악기에서 소리가 나게 할 수 없을까? 재활용품으로 어떤 악기로 만들지?
- **지원**: 재활용품으로 만들 수 있는 악기에 대해서 이야기 나누어 보며 다양한 놀이재료 지원, 교실 내에 유아들이 만든 재활용품 악기를 배치해 주어 자유롭게 연주해 볼 수 있는 환경적 지원

교사의 생각

- 노래 부르기를 좋아하는 유아들이 교실에 제시된 재활용품을 사용하여 악기를 만들어 보자고 제안하여 유아들과 함께 재활용품 악기를 만들기 시작했다. 도화지로 피아노, 플라스틱 컵으로 마이크, 종을 사용하여 벨을 만들어 보았다. 자신들이 직접 만든 악기를 사용하여 연주해 보니 더욱 즐거움을 느끼고 음악에 맞추어 연주하는 유아들을 관찰할 수 있었다.

놀이를 통한 배움

- **유아**: 생각한 것을 놀이로 표현해보는 **'창의력'**
- **교사**: 물리적, 언어적, 정서적 등 다양한 방법으로 유아들의 놀이를 지원하는 **'조력자'**

• 다시 쓸 수 있어요 노래부르기(그룹 활동)

• 재활용품 악기만들기

• 악기 연주해보기

"재활용품 놀잇감"

〈자기주도성이 발휘되는 놀이〉

"선생님! 교실에 있는 재활용품으로 놀잇감을 만들어 보는 건 어때요?" "집을 만들어서 엄마, 아빠 놀이 해 보자~" "여기 쓰다남은 색종이로 이불을 만들어야겠어!" "나는 그 네모 통으로 식탁을 만들게~" "이 병두껑으로는 식탁 의자를 하면 되겠다!" "병뚜껑을 손가락으로 튕겨 멀리 날아가는 시합을 해보자~"	"나 집에서도 해봤는데~ 재밌겠다!" "그런데 너무 세게 치니까 교구장 안으로 들어가 버리네" "누가 멀리 튕겼는지 모르잖아요." "선을 그어서 거기에 가까이 다가가는 사람이 이기는 건 어때?" "좋아! 너무 세게 튕겨도 안 되겠다."

유아의 관심과 고민, 교사의 지원

- **관심**: 재활용품으로 놀잇감 만들기, 역할놀이
- **고민**: 재활용품으로 어떤 놀잇감을 만들 수 있을까?
- **지원**: 유아들의 놀이를 관찰을 통해 흥미를 파악하며 지원, 여러 영역에서 다양한 놀이가 이루어질 수 있도록 다양한 재활용품 재료 지원, 독려하고 함께 도우며 놀이할 수 있도록 상호작용 지원

학습공동체 협의

- **생각**: 재활용품으로 유아의 창의력을 발휘할 수 있게 하는 방법이 있을까?
- **고민**: 비구조적 놀잇감으로 놀이를 즐기면서 창의력을 발휘할 수 있을까?
- **협의**: 구조적 놀잇감이 아닌 재활용품이라는 비구조적 놀잇감을 제시해줌으로써 유아들의 창의력이 무궁히 발휘되는 시간이 되었을 것 같다. 처음에는 어떤 놀이를 해야 할지 몰라 당황하며 소극적인 모습을 보였지만 교사의 모델링과 다양한 경험을 나눔으로써 자신감을 가지고 적극적으로 놀이에 푹 빠져든 것 같다. 가정과의 연계를 통해 가족과 가정에서 할 수 있는 놀잇감을 만들어 보는 것도 좋을 것 같다.

놀이를 통한 배움

- **유아**: 다양한 재료를 활용해 놀이를 펼쳐 나갈 수 있는 '**탐구력**'
- **교사**: 놀이에 함께 참여하여 흥미놀이가 더욱 확장될 수 있도록 돕는 '**놀이 참여자**'

• 재활용품 집 만들기

• 병뚜껑 머리핀 만들기

• 병뚜껑 시합놀이

"우리가 먼저 실천할래요!"

〈감수성을 키우는 놀이〉

"어떻게 하면 환경을 보호할 수 있어요?"
"분리수거를 잘 해야 한다고 그랬어~"
"쓰레기를 함부로 버려서도 안 돼!"
"플라스틱도 깨끗이 씻어서 버려야 한대요."
"우리 교실에도 분리수거 통을 만들어 보는 건 어때요?"

"친구들이 풀뚜껑을 닫지 않고 정리해서 다 말라 있어요. 뚜껑 닫아서 정리해요."
"양치할 때 물을 받아서 사용해요."
"쓰레기는 항상 분리수거해요."
"미술 재료를 아껴서 사용해야 해요."
"선생님 여기에 붙여서 매일매일 도장 찍어주세요."

유아의 관심과 고민, 교사의 지원

- **관심**: 환경을 보호하는 방법, 자연을 소중히 여기기
- **고민**: 우리 교실에서 환경을 보호할 수 있는 방법이 있을까?
- **지원**: 일상생활 속에서 환경을 보호하고 자연을 아낄 수 있는 방법에 대한 이야기를 나누어 보며 상호작용 지원, 교실 내 환경보호약속판을 전시하여 약속을 지킬 수 있도록 환경적 지원

학습공동체 협의

- **고민**: 재활용품 놀이에서 환경보호로 확장되어 놀이가 이어져나가니 유아들에게도 의미 있는 시간이 되었을 것 같다.
- **협의**: 교실뿐만 아니라 어린이집 혹은 가정에서의 환경보호 실천 방법을 알아보고 나아가 지역사회와 연계해서 환경보호를 실천해 보는 것도 좋을 것 같다. 피켓을 들고 홍보를 하거나 실외놀이 시 쓰레기 줍기 등을 직접 실천해 보면 좋을 것 같다.

놀이를 통한 배움

- **유아**: 일상생활과 경험이 연계되어 진행되는 **'놀이의 흐름'**
- **교사**: 새로운 것을 받아들이고 준비된 자세로 임하는 **'포용력'**

• 환경을 보호하는 방법을 알아요

5. 놀이지원을 위한 가정연계

가정과의 협력사항

- 어린이집에서 진행되는 놀이중심 개정 누리과정 운용의 효율성과 효과를 극대화하기 위한 유아의 가정연계활동의 목적 알림
- 유아들 흥미 주제에 관련된 가정에서의 놀이물품 지원
- 유아들과 연계된 활동을 위하여 놀이와 관련된 가정에서의 경험 및 이야기 나누기
- 가정연계활동 사례 중 좋았던 점과 활동이 어려웠던 점 피드백

가정연계를 통한 놀이 전개

- 교실에서 진행되는 유아들 흥미 주제 놀이 안내
- 흥미 주제와 연계해 가정에서 지원받을 수 있는 그림책 & 동화책, 놀잇감 등 지원 물품 받아 놀이에 적용
- 주말을 이용해 가정과 함께할 수 있는 교실에서의 흥미놀이 연계 및 가정연계활동 소개
- 가족과 함께한 활동 친구들과 이야기 나누며 발표

가정연계의 효과

- 가정연계활동을 통해 가정과 원활하게 진행된 소통
- 유아들의 놀이에 가족이 함께 참여함으로써 가족 간의 유대감 형성
- 어린이집 프로그램을 간접 경험하며 기관의 놀이에 대한 신뢰감 상승
- 가정과 함께한 놀이를 의사소통하며 유아들의 언어표현력에 긍정적 영향

• 가정에서 지원된 놀잇감

제3장

놀이이해를 위한 가정통신

Ⅰ. 내 아이와 함께하는
행복한 놀이

숲에서 찾았어요

✓ 무엇이 필요할까요?

• 놀이하는 다양한 방법을 아이와 이야기 나누고 함께 준비해요!

예 숲에서 찾은 자연물을 탐색해보며 어떤 느낌인지 이야기를 나누어 보며 글자로 적어보거나 작품으로 표현해요.

* 사진의 놀이 모습은 놀이의 순서가 아니므로 아이가 놀이에 자발적으로 참여하고 주도할 수 있도록 해주세요.

자연물 보물 찾기

어떤 느낌일까요?

자연물로 만들어요.

[그림 Ⅰ-1] 숲에서 찾았어요

신체놀이를 즐겨요

✓ 무엇이 필요할까요?

• 놀이하는 다양한 방법을 아이와 이야기 나누고 함께 준비해요!

예 신체놀잇감을 활용하여 다양하게 놀이할 수 있는 방법에 대해 이야기 나누어 보세요.

*사진의 놀이 모습은 놀이의 순서가 아니므로 아이가 놀이에 자발적으로 참여하고 주도할 수 있도록 해 주세요.

훌라후프로 다양하게 놀이해요.

휴식을 취해요.

공을 던져요.

[그림 Ⅰ-2] 신체놀이를 즐겨요

우리 주변의 종이

무엇이 필요할까요?

- 놀이하는 다양한 방법을 아이와 이야기 나누고 함께 준비해요!

예 다양한 종이의 종류에 대해 이야기를 나누어 보고, 다양한 방법으로 만들기 할 수 있는 방법을 생각해 보아요.

*사진의 놀이 모습은 놀이의 순서가 아니므로 아이가 놀이에 자발적으로 참여하고 주도할 수 있도록 해 주세요.

종이점토로 탈을 만들어요.

신문지 놀이

종이를 아껴 사용하는 방법

[그림 I-3] 우리 주변의 종이

가을에 볼 수 있는 자연물

무엇이 필요할까요?

- 놀이하는 다양한 방법을 아이와 이야기 나누고 함께 준비해요!

예 가을에 볼 수 있는 다양한 자연물(도토리, 밤, 낙엽, 코스모스등)에 대해 이야기 나누어 보세요.

*사진의 놀이 모습은 놀이의 순서가 아니므로 아이가 놀이에 자발적으로 참여하고 주도할 수 있도록 해 주세요.

가을에 열리는 자연물을 찾아요.

자연물을 탐색해요.

낙엽으로 만들어요.

[그림 I-4] 가을에 볼 수 있는 자연물

탐색하며 즐기는 요리놀이

무엇이 필요할까요?

- 놀이하는 다양한 방법을 아이와 이야기 나누고 함께 준비해요!

  예 다양한 요리 재료(미역, 밀가루, 대추, 밤, 과일 등)를 준비하여 크기와 모양을 비교해보며 이야기 나누어 보세요.

* 사진의 놀이 모습은 놀이의 순서가 아니므로 아이가 놀이에 자발적으로 참여하고 주도할 수 있도록 해주세요.

킁킁 냄새맡기

요리하며 즐기는 게임

무엇을 만들까요?

[그림 I-5] 탐색하며 즐기는 요리놀이

친구들과 협동하며 놀이해요

무엇이 필요할까요?

- 놀이하는 다양한 방법을 아이와 이야기 나누고 함께 준비해요!

  예 협동의 중요성에 대해 이야기 나누어 보고, 우리의 삶에 협동이 필요할 때가 언제인지 이야기 나누어 보세요.

*사진의 놀이 모습은 놀이의 순서가 아니므로 아이가 놀이에 자발적으로 참여하고 주도할 수 있도록 해 주세요.

협동이 무엇일까요?

협동 규칙을 정해요.

다양한 협동게임을 즐겨요.

[그림 I-6] 탐색하며 즐기는 요리놀이

맨발로 숲길을 걸어요

✓ 무엇이 필요할까요?

- 놀이하는 다양한 방법을 아이와 이야기 나누고 함께 준비해요!

  예 정해진 장소에서 신발을 벗고 발바닥으로 흙을 느낄 수 있도록 충분한 시간을 보내 보세요.

※놀이 안전 – 위험한 물건(날카로운 돌, 유리조각 등) 미리 치워요.

* 사진의 놀이 모습은 놀이의 순서가 아니므로 아이가 놀이에 자발적으로 참여하고 주도할 수 있도록 해주세요.

숲속 계단을 걸어요.

정해진 장소에서 신발을 벗어요.

맨발로 흙을 걸어요.

[그림 I–7] 맨발로 숲길을 걸어요

포일의 변신

✓ 무엇이 필요할까요?

- 놀이하는 다양한 방법을 아이와 이야기 나누고 함께 준비해요!

  예 포일(한번 활용한 포일 가능), 만들기 도구 등등

※놀이 안전 – 포일 끝이 날카로울 수 있으므로 안전에 유의해서 사용하세요.

*사진의 놀이 모습은 놀이의 순서가 아니므로 아이가 놀이에 자발적으로 참여하고 주도할 수 있도록 해 주세요.

만들기 재료를 준비해요.

무엇을 만들고 있을까요?

함께 만들면 더 재미있어요.

[그림 I–8] 포일의 변신

동화책을 읽어요

✓ 무엇이 필요할까요?

- 놀이하는 다양한 방법을 아이와 이야기 나누고 함께 준비해요!

예 읽고 싶은 책과 활동하기 편한 옷, 신발, 벌레퇴치제 등

※놀이 안전 – 안전 약속 등을 함께 이야기 나누어보아요.

*사진의 놀이 모습은 놀이의 순서가 아니므로 아이가 놀이에 자발적으로 참여하고 주도할 수 있도록 해 주세요.

읽고 싶은 책을 선택해보아요.

좋아하는 장소에서 동화책 읽어요.

우리들의 이야기책을 만들어요.

[그림 I-9] 동화책을 읽어요

맛있는 여름 과일 ♥

✓ 무엇이 필요할까요?

- 놀이하는 다양한 방법을 아이와 이야기 나누고 함께 준비해요!

예 여름과 관련된 음식과 여름 과일에 대해 이야기 나누어 보세요.

*사진의 놀이 모습은 놀이의 순서가 아니므로 아이가 놀이에 자발적으로 참여하고 주도할 수 있도록 해 주세요.

여름에 먹는 음식

내가 좋아하는 여름 과일 만들기

재활용품으로 여름을 만들어요.

[그림 I-10] 맛있는 여름 과일 ♥

물과 만나요 ♥

✓ 무엇이 필요할까요?

• 놀이하는 다양한 방법을 아이와 이야기 나누고 함께 준비해요!

예 바다 또는 물에서 사는 동물에 대해 이야기를 나누어 보세요.
물을 아껴서 사용할 수 있는 방법에 대해 이야기를 나누어 보세요.

※놀이 안전 – 물에서 놀이 할 때 주의할 점에 대해 이야기를 나누어 보세요

* 사진의 놀이 모습은 놀이의 순서가 아니므로 아이가 놀이에 자발적으로 참여하고 주도할 수 있도록 해주세요.

바다에서 사는 동물! | 내가 만드는 수족관 | 물을 아껴서 사용하려면?

[그림 I-11] 물과 만나요 ♥

여름의 소리 ♥

✓ 무엇이 필요할까요?

• 놀이하는 다양한 방법을 아이와 이야기 나누고 함께 준비해요!

예 밖에서 들리는 매미 소리, 비 오는 날 등 소리를 들어보며 이야기를 나누어 보세요.

※놀이 안전 – 안전 약속 등을 함께 이야기 나누어보아요.

*사진의 놀이 모습은 놀이의 순서가 아니므로 아이가 놀이에 자발적으로 참여하고 주도할 수 있도록 해 주세요.

여름의 소리를 들어요 | 내가 느끼는 소리 | 내가 좋아하는 여름!

[그림 I-12] 여름의 소리 ♥

곤충은 어디에 있어요?

무엇이 필요할까요?

- 놀이하는 다양한 방법을 아이와 이야기 나누고 함께 준비해요!

예 우리 주변에서 볼 수 있는 곤충들에 대해 이야기 나누어 보세요.

*사진의 놀이 모습은 놀이의 순서가 아니므로 아이가 놀이에 자발적으로 참여하고 주도할 수 있도록 해 주세요.

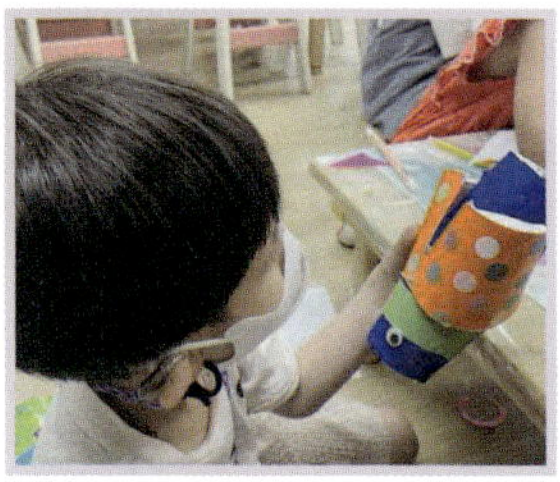
계절마다 만나는 곤충

곤충 채집을 하면?!

곤충 동화책

[그림 Ⅰ-13] 곤충은 어디에 있어요?

재미있는 한글 놀이 ♥

무엇이 필요할까요?

- 놀이하는 다양한 방법을 아이와 이야기 나누고 함께 준비해요!

예 연필이나 색연필 등 쓰기 도구를 사용하는 방법에 대해 이야기 나누어 보세요.
일상생활 속에서 내가 알고 있는 글자에 대해 이야기 나누어 보세요.

*사진의 놀이 모습은 놀이의 순서가 아니므로 아이가 놀이에 자발적으로 참여하고 주도할 수 있도록 해 주세요.

내 이름을 적어보아요!

내가 아는 글자 찾아보기!

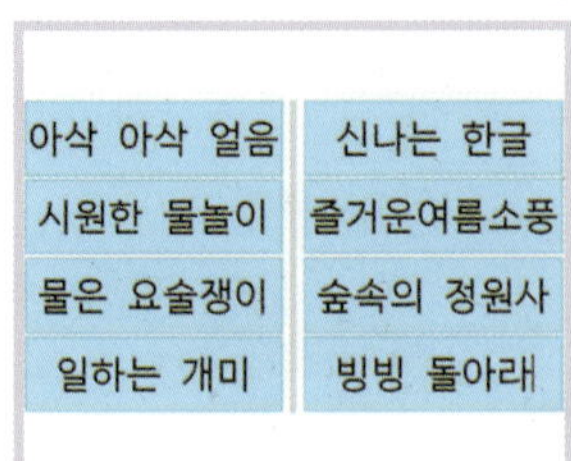

단어카드로 문장 만들기 게임!

[그림 Ⅰ-14] 재미있는 한글 놀이 ♥

비 오는 날의 모습 ♥

✓ 무엇이 필요할까요?

• 놀이하는 다양한 방법을 아이와 이야기 나누고 함께 준비해요!

예 밖에서 들리는 비 오는 날의 소리, 물방울이 맺힌 모습 등을 관찰해보세요.

※놀이 안전 – 안전 약속 등을 함께 이야기 나누어보아요.

* 사진의 놀이 모습은 놀이의 순서가 아니므로 아이가 놀이에 자발적으로 참여하고 주도할 수 있도록 해주세요.

비 오는 날의 모습

우비입고 놀이해요.

비가 오는 날에 필요해요.

[그림 I–15] 비 오는 날의 모습 ♥

가을을 만나면

✓ 무엇이 필요할까요?

• 놀이하는 다양한 방법을 아이와 이야기 나누고 함께 준비해요!

예 가을을 맞이해보며 볼 수 있는 우리 주변의 변화에 대해 이야기 나누어 보며, 함께 사진으로 기록해보세요.

*사진의 놀이 모습은 놀이의 순서가 아니므로 아이가 놀이에 자발적으로 참여하고 주도할 수 있도록 해 주세요.

가을에 볼 수 있어요.

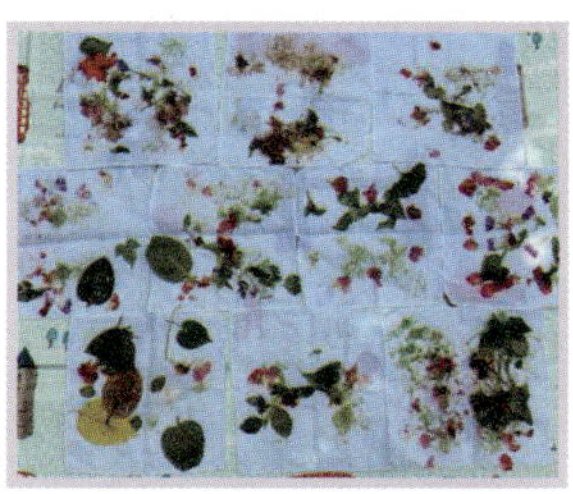

가을 낙엽으로 놀이해요

가을에 먹는 과일

[그림 I–16] 가을을 만나면

재미있는 자연물 놀이

✓ 무엇이 필요할까요?

• 놀이하는 다양한 방법을 아이와 이야기 나누고 함께 준비해요!

예 자연을 소중히 생각해야 하는 이유에 대해 알고, 실천할 수 있는 방법에 대해 이야기 나누어 보세요.

*사진의 놀이 모습은 놀이의 순서가 아니므로 아이가 놀이에 자발적으로 참여하고 주도할 수 있도록 해 주세요.

우리 주변의 자연

자연물은 소중해요.

자연에서 느끼는 즐거움

[그림 I-17] 재미있는 자연물 놀이

우리나라, 대한민국

✓ 무엇이 필요할까요?

• 놀이하는 다양한 방법을 아이와 이야기 나누고 함께 준비해요!

예 우리나라의 전통과 역사에 대해 이야기 나누어 보고, 함께 관련 그림책을 읽어보세요.

*사진의 놀이 모습은 놀이의 순서가 아니므로 아이가 놀이에 자발적으로 참여하고 주도할 수 있도록 해 주세요.

우리나라 옷, 한복

한복 우리나라 고유의 전통놀이

숲에서 볼 수 있는 우리나라

[그림 I-18] 우리나라, 대한민국

겨울을 맞이해요

무엇이 필요할까요?

- 놀이하는 다양한 방법을 아이와 이야기 나누고 함께 준비해요!

  예 눈이 내린 모습에 대해 이야기 나누어 보고, 눈으로 할 수 있는 다양한 놀이를 즐겨보세요.

*사진의 놀이 모습은 놀이의 순서가 아니므로 아이가 놀이에 자발적으로 참여하고 주도할 수 있도록 해 주세요.

눈을 탐색해요.

눈으로 역할놀이를 즐겨요.

눈으로 할 수 있는 놀이

[그림 I-19] 겨울을 맞이해요

크리스마스 즐기는 방법

무엇이 필요할까요?

- 놀이하는 다양한 방법을 아이와 이야기 나누고 함께 준비해요!

  예 크리스마스의 의미에 대해 이야기 나누어 보고, 크리스마스를 대표하는 트리를 만들어 보세요.

*사진의 놀이 모습은 놀이의 순서가 아니므로 아이가 놀이에 자발적으로 참여하고 주도할 수 있도록 해 주세요.

자연물로 트리 만들기!

크리스마스는 어떤 날이에요?

크리스마스 케이크 꾸미기

[그림 I-20] 크리스마스 즐기는 방법

겨울의 밤하늘!

✓ 무엇이 필요할까요?

• 놀이하는 다양한 방법을 아이와 이야기 나누고 함께 준비해요!

예 밤하늘의 아름다움을 감상하고 다양한 방법 또는 재료로 표현해보세요.

*사진의 놀이 모습은 놀이의 순서가 아니므로 아이가 놀이에 자발적으로 참여하고 주도할 수 있도록 해 주세요.

우리가 별들에서 보는 것!

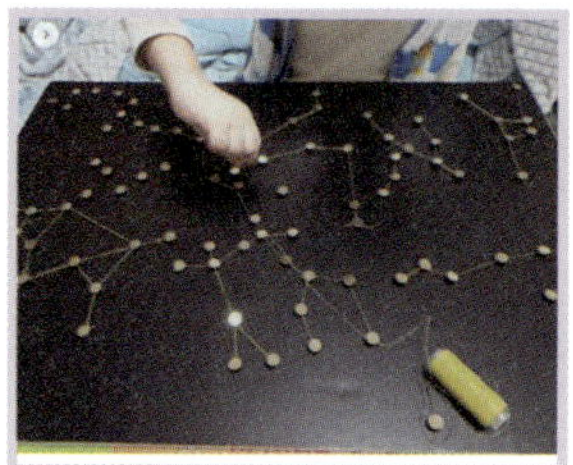
다양하고 멋진 별자리!

오로라를 만들어요!

[그림 I-21] 겨울의 밤하늘!

새해를 맞이해요!

✓ 무엇이 필요할까요?

• 놀이하는 다양한 방법을 아이와 이야기 나누고 함께 준비해요!

예 2022년 새해를 맞이하여 유아들과 새해의 다짐과 약속에 대해 이야기 나누어 보세요.

*사진의 놀이 모습은 놀이의 순서가 아니므로 아이가 놀이에 자발적으로 참여하고 주도할 수 있도록 해 주세요.

새해 다짐을 적어보아요.

풍등을 만들어요.

연하장을 적어요.

[그림 I-22] 새해를 맞이해요!

형님이 되어요!

✓ 무엇이 필요할까요?

• 놀이하는 다양한 방법을 아이와 이야기 나누고 함께 준비해요!

예 형님이 되어 달라진 나의 모습에 대해 이야기 나누어 보고, 유아들과 형님 약속을 나누어 보세요.

*사진의 놀이 모습은 놀이의 순서가 아니므로 아이가 놀이에 자발적으로 참여하고 주도할 수 있도록 해 주세요.

형님이 된 내 얼굴!

초등학교에 가면

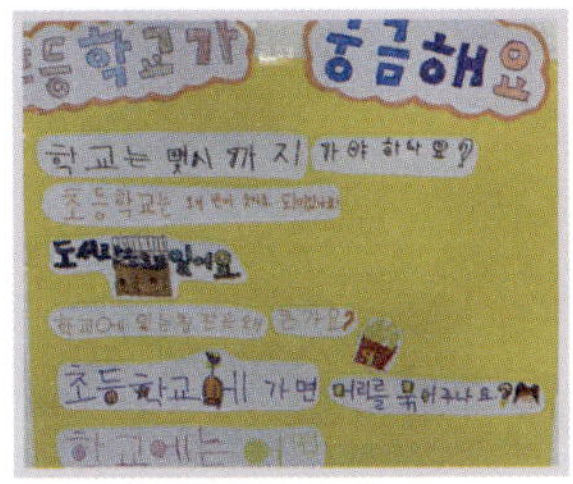

형님반 질문수첩!

[그림 I-23] 형님이 되어요!

까치까치 설날은

✓ 무엇이 필요할까요?

• 놀이하는 다양한 방법을 아이와 이야기 나누고 함께 준비해요!

예 설날을 맞이하여 유아들과 설날에 먹는 음식 또는 전통 한과, 전통놀이, 풍습에 대해 이야기 나누어 보세요.

*사진의 놀이 모습은 놀이의 순서가 아니므로 아이가 놀이에 자발적으로 참여하고 주도할 수 있도록 해 주세요.

설날에 먹는 음식!

전통놀이를 즐겨요

설날 풍습 이야기 나누기

[그림 I-24] 까치까치 설날은

참고문헌

경기도교육청(2017). 놀이 2017, 놀이로 유아교육 본질 찾기.

곽영순(2015). 교사 학습공동체의 발달 단계탐색. 교육과정평가연구, 18(2), 83-104.

곽향림(2019). 누리과정에 따른 단위유치원 교육과정설계: 교사와 유아가 함께 만들어 가는 교육과정. 유아교육연구, 39(2), 333-359.

교육부·보건복지부(2019a). 2019 개정 누리과정 고시문.

__________(2019b). 2019 개정 누리과정 놀이실행자료.

__________(2019c). 2019 개정 누리과정 놀이이해자료.

__________(2019d). 2019 개정 누리과정 해설서.

보건복지부(2020). 제4차 어린이집 표준보육과정 해설서.

서난경·김보현·김미선·서복희·마미애(2022). 현장사례중심 유아놀이지도. 서울: 창지사.

부산유아교육진흥원(2019). 놀이중심 교육과정, 얼개를 짜다. 새롭게, 깊게 자신 있게 놀이중심 교육과정 실천 직무연수, 35-67.

진다정(2020). 원내 교사 학습공동체 운영을 통한 놀이중심 교육의 이해와 실천. 이화여자대학교 박사학위논문.

최남정·임부연(2013). 유아교사학습공동체의 성장과 발달에 관한 연구. 유아교육연구, 33(5), 401-429.

Cochran-Smith, M., & Lytle, S. L. (1999). Relationship of knowledge and practice: Teacher learning in communities. In A. Iran-Nejad, & C. D. Pearson (Eds.), *Review of research in education*, *24*, 249-306. Washington, DC: American Educational Research Association.

Van Hoorn, J. V., Nourot, P. M., Scales, B., & Alward, K. (2018). 놀이중심 교과과정(6판) (순진이·정현심 공역). 서울: 시그마프레스. (원전 2015년 출판)

Wenger, E., Mcdermott, R., & Snyder, W. M. (2004). COP혁명 *Cultivating communities of practice* (황숙경 역). 안양: 물푸레. (원전 2002년 출판).

꼬망세 공식블로그 https://blog.naver.com/calcoolus

저자소개

서난경

- 안양대학교 교육학 박사
- 경희대학교 교육학 석사
- (전) 수원여자대학교 아동미술과 외래교수
  연성대학교 유아교육과 겸임교수
- (현) 국공립 관양어린이집 원장

김미선

- 안양대학교 교육학 박사
- 한국방송통신대학교 교육학 석사
- (현) 국공립 덕천어린이집 원장

참여교사

국공립 관양어린이집

김민지 선생님 이초롱 선생님 김교리 선생님 송유나 선생님 이미란 선생님
김주영 선생님 이화영 선생님 이설화 선생님 이복음 선생님 김나연 선생님

교사 학습공동체 지원 놀이사례

영유아 놀이와 교사 학습공동체

초판 1쇄 인쇄 2022년 7월 22일
초판 1쇄 발행 2022년 7월 29일

지 은 이 | 서난경 · 김미선
펴 낸 이 | 김기섭
편 집 인 | 이현남 · 이상희
펴 낸 곳 | 창지사 www.changjisa.com
08589 서울시 금천구 가산디지털 1로 83 파트너스타워 1차 9층
전화 (02)719-2211~3
팩스 (02)701-9386
등 록 | 1977년 4월 28일 · 제1-421호

ISBN 978-89-426-1535-3 (93370)

값 18,000원